高更 列宾

中外名人的青少年时代丛书

主编/林乾

编著/尹成君 冯志才

乔伟 马建

山西出版传媒集团

山西人民出版社

图书在版编目（CIP）数据

高更 列宾 / 尹成君，冯志才，乔伟，马建编著.—太原：山西人民出版社，2012.6

（中外名人的青少年时代丛书 / 林乾主编）

ISBN 978-7-203-07692-6

Ⅰ.①高… Ⅱ.①尹… Ⅲ.①高更，P.（1848~1903）—生平事迹—青年读物②高更，P.（1848~1903）—生平事迹—少年读物③列宾，I.（1844~1930）—生平事迹—青年读物④列宾，I.（1844~1930）—生平事迹—少年读物 Ⅳ.①K835.655.72 – 49②K835.125.72 – 49

中国版本图书馆 CIP 数据核字（2012）第 067330 号

高更 列宾

编　　著：尹成君　冯志才　乔　伟　马　建
责任编辑：高美然
装帧设计：陈　婷

出 版 者：山西出版传媒集团·山西人民出版社
地　　址：太原市建设南路 21 号
邮　　编：030012
发行营销：0351–4922220　4955996　4956039
　　　　　0351–4922127（传真）　4956038（邮购）
E-mail：sxskcb@163.com　发行部
　　　　sxskcb@126.com　总编室
网　　址：www.sxskcb.com

经 销 者：山西出版传媒集团·山西人民出版社
承 印 者：运城日报社印刷厂

开　　本：890mm × 1240mm　1/32
印　　张：8.125
字　　数：130 千字
印　　数：1–5000 册
版　　次：2012 年 6 月　第 1 版
印　　次：2012 年 6 月　第 1 次印刷
书　　号：ISBN 978-7-203-07692-6
定　　价：16.00 元

中外名人的青少年时代丛书

编 委 会

编者的话

时光在流逝，生命在燃烧。当我同理想和希冀相伴的青少年时代依依惜别，即将步入厚重的中年时，一种“人生几何”的感喟时常萦绕于怀。遥忆往昔贫寒的童真岁月，仍愿咀嚼那涩涩的酸楚中播撒出的永生不灭的希望之火。

幼年的时候，家乡总共不过百种物品的“百货店”里，竟有一个柜台是专门售书的。在这里，我发现了牛顿，知道了高尔基，认识了列宁，记住了鲁迅。记得那是小学三年级的事。一天放学回来，一位女同学悄悄地对我说：“供销社来了一本好书，去看看!”我们一同跑到柜台前，一看是《闪闪的红星》，价格是 3 角 5 分钱，这在当时是 7 个鸡蛋的价钱。我一连三天，每天放学都要去看一看那本书，很怕被别人买走。第四天，我终于鼓足勇气，对母亲说明了缘由。我怯生生地站在母亲面前，好长时间母亲没有说话，母亲那慈爱的目光一直留在我的脑海里。我拿着 3 角 5 分钱，终于如愿买回了那本书。“那一年，我 7 岁，听大人们说，闹革命了……”一晃，20多年过去了，当我面对苍老的母亲时，仍会清晰地记得买书的情景和书中的故事。

今天，当我踏上生于斯、长于斯又阔别多年的故土时，先要找回的还是少年的梦。还是那个位置，还是那个供销社，房屋早已翻盖一新，店主当然不再是戴着近视眼镜、眼睛一眨一眨的老师傅。除“大件”外，几乎和城里的物品一样丰富，应有尽有。可柜台里再也找不到一本书。当我看到读初一的侄子和读小学五年级的侄女的书架上，课外书几乎都是机器猫、卡通之类时，喉咙里似乎有什么东西难以下咽，心里沉甸甸的。时代不同了，教育的内容、目标和对象都在发生变化，社会改革和财富增长无疑是一个时代的进步，我没有恋旧癖，更无意美饰贫乏的年代。但当怀念起童年少年时代那种难以忘怀的景象时，内心深处总觉得我们这个社会在走向富裕的路途中还应弥补一些遗憾——强健精神的遗憾。

人无法超越生命的自然极限，但可以超越生命本身。人类正是通过他们的创造将自己的文明史推向前进。当我驻足在色彩斑斓的历史画卷前，分明感受到伟大人物的人格力量和生命的另一种延续。……毫无差错却被外公毒打；不是为了几枚铜板而是为了证明自己的勇气在棺木上睡觉；为了生生不灭的理想在阴暗的面包房里读书：这一幕幕情景仿佛伏尔加河畔不屈的少年高尔基就站在我的面前，与苦难的命运抗争。出身贵族家庭却自幼身残的拜伦，在高贵与卑贱的矛盾中让内心的苦楚升发出一种倔强、刚毅和力量。苦难的确是人生的最好教科书。当他们用心灵慢慢消受种种不幸时，也在创造一种辉煌和永恒。“青年如初春，如朝日，如百卉之萌动，如利刃之新发于硎，人生最可宝贵之时期也。”每一次记起陈独秀《敬告青年》中的这几句话，都有一种催人奋发的鞭策力量。对于不再拥有生命自然时段上的青少年时期的我，真想让心灵再走一番青少年的路：热爱生命吧！因为生命是一次性“消费”；珍惜青春吧，让青春的亮点变成一片光明，普照以后的所有生命里程。

影响人类文明史的中外名人在他们有限的生命里，创造了辉煌和永恒。他们的许许多多成功在青少年时代就奠定了基础，他们在青少年时代就怀有救国救民、立志创业的信念，这种信念强烈地影响了他们的一生。名人成功以后的事迹为人们所熟知，但他们成功之前的历史却鲜为人知，这方面的材料也很缺乏。本书对名人的家世、家教、兴趣爱好以及对其一生有影响的人和事等着墨颇多，尤其探究了中外名人之所以成功的主客观因素，我们由衷地希望这番努力对成长中、探索中的青少年会有所裨益。

林　乾

目　录

高　更

列　宾

ZHONG WAI MING REN DE QING SHAO NIAN SHI DAI CONG SHU

高更

有色彩的绘画将进入一个音乐的时代……一个人当他还没有搞明白一幅画所表现的是什么之前,他也会立即被其富有魔力的色彩和谐所吸引。

——保罗·高更

往事悠悠

题记：您和我一样，是个苦命人

——文森特·梵高致保罗·高更

1848 年是欧洲历史上动荡的一年。众所周知，第一次经济危机席卷整个西方资本主义世界。而法国巴黎正是欧洲资产阶级民主革命斗争的焦点。

1848 年 2 月，在啼饥号寒中挣扎度日的巴黎工人为改变困扰他们的悲惨生活，爆发了“二月革命”，推翻了封建暴君路易·菲利浦“七月王朝”的君主统治，成立了第二共和国。然而，革命胜利后的政权被资产阶级所窃取，工人仍生活在水深火热之中，丝毫也没有改变受奴役的地位。

6 月，愤怒的巴黎工人举行起义，但是由于孤立无援和缺少经验再次失败了。

12 月，路易·波拿巴利用各种政治派别势力之间的矛盾，采用欺骗的手段发动政变，当上共和国总统，随后他强化政权，解散议会，屠杀镇压民主力量，并在军阀、银行家、大资产阶级的拥护下，恢复了君主专制，自封为法兰西皇帝，成立法兰西第二帝国。

就是在这风谲云诡的政治局面中，1948年6月7日，保罗·高更这个被今人称为不朽天才的画家，出生在巴黎圣母—德—洛莱特大街52号（今56号）。

小高更的父亲克劳维斯·高更是奥尔良酒商的儿子，虽然他生长在一个传统而又保守的中产家庭，性格也较为内向，但是在后来却成为一位政治上的激进分子。在大学攻读完新闻专业后，便在激进的《国家日报》当记者，思想强烈地倾向共和政体。他的家族在历史上平庸无闻，没有什么值得炫耀的事迹……

正同小高更父亲那平庸无闻的家族史相反，母亲阿丽娜·玛丽家族却在历史的长河中辉煌过。

她的祖先是西班牙东北阿拉贡王国波吉亚家族（15世纪至16世纪在意大利历史上曾起过重要作用的家族），这一家族大约在16世纪皮扎尔时代就已迁居秘鲁，历史上秘鲁的几届总督都是这个家族的后代。这是一个具有数个爵位殊荣的名门贵族，这个家族一直是该国家领导阶层的一部分。在利玛和阿雷基帕拥有大量的产业。

阿丽娜·玛丽以自己的西班牙贵族血统为自豪。她不但在形象上有西班牙的特征，还继承了西班牙人的气质和骄傲。并且她将这一特征全部遗传给了她所爱的儿子——保罗·高更。正由于这一直系亲属的关系，高更也同样引以为自豪的是他的出身和原籍。他相信在他的血液里流淌着印加人的血液。事实证明，高更在其以后的成长岁月里，最终是寻找他的根，他的祖先的影子去了。

高更的外祖母家姓莫斯塔索，外祖母的父亲莫斯塔索是驻扎在秘鲁的西班牙军团的一名上校，年轻时因浪漫地与一位法国姑娘结婚，而遭到了家庭的谴责。而后在西班牙生下了高更的外婆，弗洛拉·特里斯坦。

弗洛拉·特里斯坦热情漂亮，性情狂放不羁，脾气像燃烧着的火焰般热情激烈，没有什么能够约束她的行为，或者使她屈服。从日后高更那坚定的品格来看，似乎更像他的外祖母。

不幸的是弗洛拉·特里斯坦 4 岁时父亲去世，母亲只好带她返回法国的娘家，并在那里无忧无虑地长大了。后来她在石印艺术家及雕刻家安德烈·萨扎尔的作坊里当了一名着彩工人，不久，这位从奥尔良来的石印艺术家就疯狂地爱上了弗洛拉·特里斯坦，二人喜结良缘。

从此，命运开始转变，弗洛拉·特里斯坦这位在殷实环境里长大的女子，开始步入苦海。

家庭教养和成长环境的差异，使她难以和丈夫萨扎尔和谐生活。特里斯坦任性好强，桀骜不驯。而萨扎尔性情暴烈，霸占欲强。为重新寻找自由，特里斯坦毅然离开丈夫和家庭远走他乡。尽管她当时还有孕在身，而且还领着第一个孩子。

在出走数年的岁月里，她尝尽了人世间的艰酸。她始终过着没有温饱，居无定所的流浪冒险的生活。她和孩子们曾流落到大不列颠、西班牙、印度等国家，那是一条不堪回首的流浪路线，最终她流落到利玛。

婚姻的失败和求职谋生的艰难，在弗洛拉·特里斯坦的思想中萌发了一种要改变当时社会制度的愿望。在她重返法国后，她响应“圣西门要改造当时社会制度”的号召，成为一个19世纪典型的激进论者，一个精力旺盛的思想家，一个对自己的信仰和选择始终坚持不懈，并勇于冒险地去进行实践的政治家。

她不遗余力地投身于工人运动，为欧洲民主革命而奔波不休。她提倡以高贵纯洁的爱来增进生活的快乐，向往组织一个保护工人阶级利益的工会。她像所有的政治领导者一样，四处演讲，足迹踏遍了整个法兰西大地。她还著书立说，在报刊上撰写文章，进行鼓动宣传，以引起大众的注意与共鸣。《一个被排斥和被蔑视的女人的长途跋涉》便是她写的一部著名的回忆录。弗洛拉·特里斯坦文笔生动活泼，情感色彩浓重，极受当时读者广泛青睐。

依照她的个性，应当永远归属于那种激进派。她决不接受中庸的改良之道。贫困的市民拥戴她，上流社会却憎恨她，但是对于她超人的组织和工作毅力，充沛的精力和雄辩的口才却无不赞叹！任何挫折、侮辱、讥讽和唾弃，甚至是武力干涉也没有使她改变信仰和意志消沉。事实证明，高更正是继承了外祖母这些不屈的个性而走上艺术之路的，甚至走得更远，更执著。

然而高更的外祖父安德烈·萨扎尔（石印艺术家、雕刻家）却是一个自私的人。当他一心想让这个具有特殊气质，在当时社会颇有名气，历经苦难的妻子回心转意时，遭到了妻子的强烈反对。后来他竟恼羞成怒，持枪射击妻子。妻子受伤，他自己也锒铛入狱，被法庭判以 20 年苦役的重刑，此事成为当时轰动一时的社会新闻。

尽管如此，弗洛拉·特里斯坦并没有半点气馁。康复以后她反比以往更加热情地投入到展现在她面前的事业中去。她不仅发表了一些言辞尖刻，抨击时政的文章，而同时又被社会主义思想所影响着。正当她竭尽全力为信念奔波、劳碌、斗争的时候，旧创复发，在波尔多逝世。

如今在波尔多墓地，有一座工人们为她建立的纪念碑。人们非常敬仰她、怀念她，因为她用自己的生命创造了一段法国发展史，特别是创立了工人联盟。这是一个伟大坚强、具有不屈精神的女性。她的斗争精神和顽强骄傲的品格对高更一生的影响都是巨大的。

高更的母亲阿丽娜·玛丽是个外表灵活欢乐，性格开朗，而实际上却是一位温柔依赖型的女性。她是在陪同母亲巡回讲演时，在波尔多认识克劳维斯·高更的。

克劳维斯·高更世代居住在奥尔良，家族大部以园艺和酿酒为生。他大学新闻系毕业后，任职于《国家日报》，不久即与阿丽娜·玛丽结婚并定居巴黎。1846 年生下长女玛丽，1848 年 6 月生下高更。

曾养育了无数绘画大师的巴黎此时正是资产阶级各派争权夺势日趋激烈之时，人民为争取生存权利和对封建王朝的斗争交织在一起，形势变幻莫测，市内经常有巷战发生。阿丽娜·玛丽就是在这惊恐万分的生活中带着两个幼小的孩子艰难度日的。可以说在高更最初的童年生活中，那种动荡不安的社会场景使他童年的记忆糅合了对暴力革命的难忘印象，并由此而给他幼小的精神上带来一生的创痛，在未来的岁月中，他一直在极力寻找一个和谐、宁静的乐园，用以抚平童年的伤痕。

《国家日报》在政治斗争中战战兢兢地维持着，克劳维斯·高更根本没有机会在报端发表具有自己独立见解的文章。在路易·拿破仑·波拿巴1851年称帝时，他所参加的卡芬雅克的共和派遭到了残酷的镇压和屠杀。克劳维斯·高更惊恐不安地带着妻子儿女逃往国外，并准备在国外建立报社，继续宣传他的自由、博爱的思想。

4岁的高更似乎已明白家庭的处境，他的一双具有典型的西班牙特征的大眼睛，总是若有所思地观察着这个纷乱的世界，他那日后引以为自豪的大鼻子，特点分明地嵌在脸上，显示出他的倔强、骄傲和敏感。“小高更总是乖乖的，悄悄一个人摆弄一些小玩意。”后来，他母亲曾回忆说。

由于生活所迫，他们举家迁往秘鲁，去那里投靠阿丽娜·玛丽的声名显赫的家族。他们是怀揣着多少美好的憧憬踏上远行的路啊！

可是海上的航行是那样的不顺利，在全家乘船前往秘鲁的途中，1851年10月30日，在麦哲伦海峡的法来民港，小高更的父亲因心脏病猝发而突然去世。可怜的高更同她的外祖母一样，都是在4岁这个年龄上失去了父亲的亲情，这难道是命运的一种巧合吗？

失去丈夫，孤苦无依的阿丽娜·玛丽被这意外的打击弄懵了，那些美好的梦幻像泡沫一样转眼即逝。这使她陷入在绝望中求生存的境地。

“母亲是高傲的，也是坚强的，她在柔弱中禀赋了外祖母的气质”。高更在日后谈到他美丽、善良的母亲时，曾这样深情地说过。“她告诉我们不要哭，我们要继续前行，一直到那个被称做‘利玛’的地方为止”。

4岁的高更的心灵，本该是天真而烂漫的，但残酷的现实不但使他失去了安稳的生活，而且还毫不怜悯地夺去了他至爱的亲人。他惊恐，他憎恨这个社会带来的所有不幸。但同时母亲的坚定沉着和一往无前又在他幼小的心灵中打下了深深的烙印，他初次懂得了坚定不移的意义和勇往直前的决心。他和姐姐抹去泪水，陪着母亲安排好父亲的后事，她们继续前行，到那一无所知的地方……

别离了失去亲人的痛楚恐惧，别离了生养他的故乡巴黎，小高更随同母亲和姐姐，于1851年终于来到了他一生都魂牵梦萦的生活乐园——秘鲁利玛。在这块神奇而又古老的土地上，他的心灵深处初次感受到了人生的甜美、和谐的珍贵。他似乎已把握住他那遥远而又古老悠久的祖先的脉搏了。他知道这块土地上流淌着同他血管里一样的血液。他把整个心都献给了他——他所倾慕的祖先。在这里他寻找到了他的根（这或许就是他日后不肯舍弃的幻想）。

1851 年他们全家到达利玛后，受到了特里斯坦·莫斯塔索家族的热烈欢迎。阿丽娜·玛丽带着孩子们住在母亲弗洛拉·特里斯坦的老家。接纳她们的老曾舅公唐·标·莫斯塔索，当时已有 100 多岁的高龄了。他因经商发财，是利玛著名的首富。阿丽娜·玛丽一家置身在一个金钱和权势建造的天堂之中。家族显赫的背景使阿丽娜·玛丽和她的孩子们的生活终于从动荡不安的环境中走出，而过上一种自在、安详、宁静而快乐的生活。

小高更实实在在地品尝到了同乳汁一样甘甜的生活美满。可爱的利玛！

也许是经过万般苦难而得来的幸福实在不易，当小高更面对他眼前欣欣向荣、殷实富足的生活图景时，他的内心激荡着难以遏止的激动。“那是一座多么生动有趣的城市啊”。

“那里的一切都是那么别有韵味，每一条铺满青砖的小街，每一座造型别致的小房子，仿佛都在引导我走进童话中的世界”；“那里的天空很少下雨，明澈如水般的蓝天，鸟儿自由飞翔，在树林中鸣唱……”

可以说，对于小高更来讲，利玛的河水、天空、房屋甚至一草一木都洋溢着非同寻常，充满着战栗的生命感。他记忆非凡，过目不忘，即便在以后他还依旧清晰地记得利玛这座城市里的每一条小街和景色，他仿佛要把这里的一切都用心雕刻在他永不磨灭的记忆中。

曾舅公家是一座造型别致，新颖豪华的建筑，院中的景物令他心驰神往。我们前面说过，高更的外祖父虽性情暴烈，但他却是个在当地相当出名的石印艺术家和雕刻家。或许是外祖父艺术家特有气质的遗传吧，高更从小便十分酷爱那些具有艺术特征的艺术品。神圣教堂顶端那个木头雕刻成的装饰图案，令高更心醉神迷，家中收藏的银器、陶器及一些装饰品更让高更百看不厌，爱不释手。

当别的孩子们在花园中嬉戏玩闹的时候，小高更却时常孤单单一个人在偌大一个摆满艺术品的屋子里，面对那些瓷器或陶器的，有着奇特造型的小东西，小玩意儿，默默赏玩，一玩就是个把小时，而对外面热闹的世界置之不理，充耳不闻。

高更就是这样一个孩子，她的母亲有时对此惊讶不已。

童年的高更虽不太爱说话，但十分惹人喜爱。他穿着得体，极像父亲的额头显示着某种智慧，而那骄傲的眼神，却永远是他外祖母的依托。他的身边有一个黑女孩和拖一条辫子的中国童仆与他一起玩耍。

按照习俗，黑女孩每天拿来教堂里的那块小地毯铺在地上，然后人们跪在上面来祈祷。而那个中国童仆特别会熨烫衣服，他对小高更的服侍胜过他的许多表兄，他们相处得很好。尤其让高更感到好奇的是中国童仆那甩来甩去的辫子非常有趣，由此他也听到了点滴有关东方神秘神奇的故事，在高更幼小的心田里，仿佛已模糊感受到了遥远东方国度里的某种启示，那种神秘，如我们今天所知，正是他所愿意探索和喜爱的。

有一天，母亲以为小高更迷路走失了，泪流满面地四处寻找，是这个中国童仆在食品店里发现了他。他当时正若无其事地坐在两个废污桶中间，漫不经心地吮吸着一根甘蔗。

“因为利玛少雨，所以每幢房子的屋顶就是一个平台。

城市里一般人家都喜欢在上面豢养一条狗，用锁链拴住它。每天主人或房客都要喂一些简单的食物给狗吃。有一次，我和姐姐还有那个黑女孩在一间屋子里睡觉，房间的门朝着院子开着，睡到半夜，突然被一种异样的声音惊醒，我们惊讶地发现，对面平台上的那条狗正慢慢地走下楼梯……”

“只看见皎洁明亮的月光静静地倾洒在院子里，星星也在幽幽地闪烁，我们三个紧紧地屏住了呼吸。注视着那条慢慢走近的狗……还好，过了一会儿，狗又安静地回到平台上了……”

在高更的一生中，在利玛的这段生活就是天堂中的玫瑰，是那样的芬芳和高贵，每一个细小的，甚至并不鲜明的场景在他眼里都是那样地动人、难忘。是的，这里是他灵魂中永远纯洁的伊甸园。在他以后成长的岁月里，童年的这片净土和乐园便一直吸引着他用生命去寻找一种平和、朴实、原始、纯洁的神奇意境。

当然，秘鲁贫富之间的差异也是相当悬殊的，文明和野蛮所交织的生活景象也长存于小高更心头。

1855 年，快满 7 岁的小高更在利玛无忧无虑的快乐生活不得不匆匆结束了。他的祖父在奥尔良过世，他在遗嘱中声明要留给高更母子一些遗产。母亲得此消息后，带着孩子们欣然返回法国继承遗产。可是，当她们千里迢迢、风尘仆仆地来到奥尔良老家之后，才发现祖父留给她们的遗产是多么的微不足道。靠这些遗产是难以维持一家人的生活的。她们在奥尔良定居下来，只有靠叔叔的帮助，生活才得以维持下去。

就在阿丽娜·玛丽带着孩子离开秘鲁这一年，利玛的曾舅公也命归西天了。他生前答应留给她们母子的遗产也因她们未在身边而被其他亲属给侵吞了。

生活是这样的变幻莫测。盛开的鲜嫩的花朵转瞬间就枯萎凋谢了。当在利玛天堂般的乐园已生活了整整 4 年的高更面对这突如其来的生活差距和变故时，他幼小的心灵受到了强烈的震撼！

昔日豪华的巨宅，丰盛的美餐，成群的奴仆，悠闲的贵族生活就像烟花一样过眼而去，永不复存在。她们仿佛从天国返回了人间，从过去 4 年来梦幻般的生活中回归到如今再也真实不过的——普通、清贫的生活当中。

阿丽娜·玛丽，这位性情坚定而又高傲的母亲，以自己顽强的个性默默地接受着生活和命运赋予她的再次磨难。她平静地对待着命运夺去她的丈夫，夺去她幸福安乐的生活的悲惨境遇，坦然迎接劳作、贫穷所给予她的生活重任。

细嫩的双手结出了厚厚的老茧，端庄典雅却又白皙的脸庞被风吹日晒折磨得粗糙不堪。但是贫穷拮据的生活使阿丽娜·玛丽在磨难中越发的刚强、勤劳、勇敢起来，她担负起所有的生活重担，用自己博大的爱心为她的孩子们擎起了一方无雨的晴空。事实说明阿丽娜·玛丽是位伟大、坚强而无私的好母亲。

此时的高更已开始在一所寄读学校读书了。生活中的种种困境和艰辛，母亲的奔波和劳累，使他越来越怀念在秘鲁的美妙生活。两种截然相反的生活图景在他心中构筑成翻滚的洪流，一次强过一次地冲击着他幼小的心房，他切实感受着这种深刻的矛盾、痛苦、失望，憧憬所交织起来的煎熬。由此，小高更变得郁郁寡欢，但格外的敏感，懂事，他已知道帮助母亲去做些他所能干的事了。

每当他做完事，便悄悄地躲在角落里，呆呆地遥视着前方。有时手中还拿着个从利玛带回来的小陶器，这更是他心爱的东西。他觉得回忆使他拥有一切他渴望有的美好东西。

在高更幼小的心灵中，利玛大自然美丽柔和的情调，狂欢节里迷人的强劲舞姿，色彩艳丽的各式服装，南国浓郁的风土人情，还有那些他为这着迷的做工精细的装饰品，黑女孩和拖着条长辫子的中国童仆……这一切确实令他心醉神迷，难以从记忆中抹去。

当他走在奥尔良那条破败的小街上的时候，他的心中刻画出的是利玛的那条景色清幽的古朴街景；当他回忆身着华服，姿态雍容的母亲端坐在那里给他讲许多古老故事，而今日却在为生计疲于奔命的时候，他无限伤感地回忆起母亲在利玛所度过的闲适的贵妇生活。

> 当我母亲穿上利玛的服装时，绸纱蒙住了她的面庞，显得那么朦胧美丽，在仅露出的眼睛上，我看到了温柔善良、和蔼可亲的目光。看上去她是那样地高雅端庄，美丽圣洁，犹如一尊高贵庄严的神像……

面对困难，母亲的沉着冷静深深地影响着高更。他从母亲那里懂得了面对现实的坚定信心是多么至关重要。“母亲总是告诉我们，只要努力，我们便会拥有我们想要的东西的”。“以后会好的”。她总是这样说。

可是当小高更学着用母亲一样的勇气来面对生活时，他又不由得感到有些灰心丧气。失去了父亲，口操西班牙语的小高更此时在一所寄读学校读书，语言不通时常引来同学们的嘲笑，他的服饰也有时招来同学们的调侃，而思想兴趣、爱好更是与周围孩子们毫不投机。他无时不感到自己与周围的同学和环境竟是那样地格格不入。他感到他稚嫩的心灵受到了伤害，那是一个充满矛盾的世界。对远方国家神奇快乐生活得更深切回忆，越发使他感受到眼前的学校生活是多么的痛苦、拘禁和限制，简直像炼狱一般，难以忍受。

因此，他的性格变得更加内向，沉默寡言。他感到自己在这个世界上是孤独的，他没有什么同龄的朋友，他不愿去和别的孩子一起游戏、交谈，他只是更强烈地一遍遍地在内心深处不断重温着他在利玛所度过的快乐生活。

高更的老师很快便发现了这个具有独特气质的学生与众不同之处。他曾说："这个孩子将来不是出类拔萃，则必一败涂地，绝非中庸之辈。"可见，年纪尚小的高更已显示出他的特质禀赋。这是许多伟人都曾具有的特殊气质。

1857 年的某一天里，已 9 岁的高更在看一幅"描绘一位拿着手杖，肩有包的旅行者”的画。这幅画上的内容和情节简直令他痴迷入狂。他仿佛又找到了过去生活的影子，他曾梦想过用手帕包着黄沙，挂在棍子上，跑到森林中去。不知为什么，在他的心中总是有一种要出走的奇怪欲望，而这幅神奇的画正满足了他这种欲望。

是的，在我们今天看来，这种欲望伴随了他一生。他总想着远离人类，浪迹天涯，憧憬远方，寻觅异国情调，最终找到童年时代在利玛失去的乐园。

还是在高更很小的时候（尤其在利玛生活的那段时期），他便很喜欢一些造型考究、别致的艺术品和建筑物，而对陶器的热爱更甚几分。在利玛时，他的房间里便摆放着具有多种多样装饰图案的陶器，他喜欢它们，甚过于同其他孩子嬉戏。回到法国后的高更依然没有改变他的初衷，甚至这种兴趣和爱好反而随着岁月的流逝越发的膨胀起来……因为高更自小喜欢离群，所以当他面对这些他所珍爱的艺术品时，更是自得其乐，赏玩不已。后来，他竟亲自雕刻起一些东西来。他的母亲发现，她心爱的儿子常常用他那双修长的、略带神经质的手在树干上雕刻了许多图案，有花鸟，有虫兽，甚至还有人物；有时他也在刀柄上刻上一些“大人们无法理解的梦想”。

这些他最初雕刻的作品里，满含了少年高更心中对神奇古老土地的思恋和梦想，他是在用心来刻画他心中灿烂的图景的。

周围的邻居对于他的这些雕刻也是既惊讶又赞叹，他们说："这孩子将来定能成为一个雕刻家。"

正如人们所预见的那样，高更最终成为和他外祖父萨扎尔一样的著名雕刻家，并且他的雕刻艺术影响非常深远，这是后话。

高更的这种自小显现出来的艺术天赋令他母亲欣喜不已，而当她看到高更从小反映出来的精于计算的经商之道时，她却只有感到奇怪和惊诧。

和其他孩子一起玩耍时，小高更总是善于计算，总是会在交换物品上以少换多。虽说他不善言谈，但当他说出话时，机智伶俐，言语尖刻，使人无法辩驳。

是的，正如他的血统一样，他的天赋是多方面的。西班牙贵族血液和印加人的血液融会在一起，使他的生命中揉进了文明和原始的结合。高更是聪明的，但同时又是固执、自傲、目空一切的。

1859年，高更11岁时被母亲送进了小神学院寄宿学习了一段时间。那是个驯服个性的传统堡垒。但就是在这样的环境中，年纪尚小的高更便已经充分开始绽露出他非同寻常的个性意识。

尽管他在那里开始接受教育，并令他进步很快。但是铁笼般沉闷的环境令他骚动敏感的心灵感到痛苦不堪。虽说他后来也曾指出这里最初的教育对他精神的发展很有帮助，也很有意义。

> 我在那里从幼年开始就受到教育，要疾恶如仇，憎恨伪善、说谎和搬弄是非这三种不道德行为。凡是违背自己本能、感情和理智的一切事，都不可去做。……但是我在那里总是将自己的心灵封闭。我不断地细心观察老师们的各种做法，并且不断地做一些恶作剧给自己制造出种种的欢乐和痛苦，以此来驱除寂寞和苦闷。而往往这种行为所带来的一切后果，都要全部由我自己负责。可是被老师发现是极偶然的，一般地说，我也认为这样尝试的后果是非常危险的。

从这段自述中可知，幼时的高更已开始越来越不同于其他的孩子了。后来他又转到巴黎的一所普通中学读书，最后又返回了奥尔良，在一所学校注了册，成为该校的学生。在上中学期间，虽然少年高更，和其他同学们一样过着集体生活，但是由于他的独特丰富的经历和宽阔的眼界，使他觉得自己比其他同学的思想要更为成熟和敏锐，处事更为沉着老练。他自命不凡，孤芳自赏。而他的西班牙和秘鲁血统也确实留给同学们许多神秘的色彩。他的为人处世的许多学问让他的同学佩服不已，而他的富有传奇色彩的个人阅历所带来的许许多多更引人入胜的神奇故事，使他们更是对高更孤独清高的行为欣赏倾慕。高更身边有越来越多的小追随者。因此，他的刚愎自用，做事果断的行为，使他在伙伴们中间具有一定的威慑力和权威性。

在这时，当有人问起他如何选择自己未来的职业时，他的答复是想成为一名周游世界的水手。

尽管少年高更有着明显的与众不同之处，他外表冷峻，内心孤傲，令人难以接触，但他的心灵深处一直不断追忆儿时在利玛所度过的富有异国情调的、浪漫快乐的生活。这是种朦胧的，但却非常具有诱惑力的强烈欲望。因此，他说他选择水手的职业就不足为怪了，因为正是这一职业可以使他实现周游世界的梦想，去找寻他儿时的乐园，儿时的美梦。

面对大自然，他有种无法解释得清楚的眷恋和情意，他喜欢过自由自在无拘无束的生活，而大自然的万物正给予他焦渴心灵以沐浴。他感到他的心灵和梦幻唯有对大自然，才有可能聆听到。还是在寄宿学校读书时，他便时常漫步在校园里一小片清幽的树林中。无论是晨曦初上，还是夕阳晚归，他都留恋这块清新芳香的土地。他看鸟鸣鸟飞自由呼吸，心中便有十分的伤感。回想自己单调乏味的枯燥生活，心中满溢着由失望和向往所交织起来的复杂感情。

而恰恰这时，一首古老的秘鲁歌谣从他的灵魂深处翻滚而来……

多情的花朵吮吸细雨，
香新的空气如此干净。

世界让你来将我们变得更加清晰，
世界让你来将我们变得更加美丽。

我们愿意，

我们愿意，

我们不会将你放弃。

是的，高更是多么渴望自己的美梦成真。

高更在学校读书一直到 17 岁。两年的预科学习使他觉得忍无可忍。而循规蹈矩的家庭生活也使这位雄心勃勃，不甘寂寞的青少年觉得沉闷不堪。这一年他突然决定放弃学业，离开家庭，做一名水手，去海上过一种完全陌生的生活。那将是他梦寐以求的全新的生活，他想象着自己将在那里实现那长久萦绕在心中的梦想。

母亲对高更的这种被看做十分鲁莽而又轻率的决定感到焦急万分。她几度苦苦劝告儿子放弃出海当水手的念头，而安分守己地好好念几年书之后，再另图打算。但高更决不再到学校读书了，他觉得那里束缚了他所有的欲望。母亲只好妥协，退一步说先让高更进一所海军学校，经过一番必要的海上航行的训练之后，再谈上船出海的事。

但是母亲的这些苦口婆心的劝告被高更一口回绝了。这种做事果断，不容商量，我行我素的行为是高更典型的秉性，当然包含着他长久以来的成熟思考。他很快地谋了一个在商船上工作的差事。他一心想出走，这次终于走向海洋，实现他在幼年时就萌生出来的对大海的痴迷与思恋的梦想。

1865 年 12 月 7 日，高更终于如出笼的小鸟儿，如愿以偿地登上了团结工会的商船“卢齐塔诺号”，当上了一名客轮见习生。随着这艘商船来往于勒阿弗尔港与里约热内卢之间，开始了他长达 6 年的航海生活。

海，是多么神秘的地方啊！高更自小便无数次地在心中描绘了他美丽英俊的，而又朦朦胧胧的容颜。他还编写过许多关于海的神奇美妙的，在他心里吟诵了无数遍的故事，……而这一切都将变为真实的，可见的，可闻可嗅可摸可触的了，他终于可以第一次扬帆出海了，终于摆脱掉了一切条条框框的限制，面对大自然，融入大自然，在大自然中自由欢唱了，他多么激动，多么兴奋啊！

蓝天碧透，海鸟浅飞，一望无垠的大海在他面前无限的展开伸去，博大、壮阔、丰富、深长的音乐久久环绕着他的心房，他被眼前崭新的天地震撼了！他感到他身上一切沉重的意志如今都飞翔了。轻轻地飞翔了……他由心灵深处触摸到了“解放、解脱”的伟大意义。从而他又不由自主地——和在利玛时一样——“神迷心醉”起来，他仿佛找到了过去儿时生活的影子。而这正是他渴求找寻的根。

在船上，高更有一位很要好的朋友——年轻的二副。他经常向高更讲述他许多充满神秘而又浪漫色彩的、他个人在海上航行的传奇而又非凡的经历。高更被他迷住了。

每当夜深人静时，船依旧默默航行，四面的海静寂无声，而头顶上的月亮和星星却仿佛在向人们讲述着一个古老而迷人的故事。就在甲板上，面对这夜的宁静，高更总喜欢缠住二副，和他呆上一刻钟，听他讲一讲关于他自己的传奇经历。

有一天夜里，他向高更讲述了这样一个故事，那是他在一艘小船上当水手时的故事。

“我们的这条船，在大洋洲的航线上进行了数年之久的长途旅行。那是一艘货船，往各国运送各种货物，有时，也免费携带一些私人的东西。”

高更竭力靠近二副，仔细倾听他娓娓道来的每字每句。

“有一天，我在清洗甲板时，由于不慎，连人带拖把一起跌入海中。甲板上发生的一切却无人发现，货船继续向远方驶去，我被抛弃在了汪洋大海之中。”

“啊，扔在海洋里去了？一个人？”高更失声喊道。“快说，快说，后来怎样了？”

“我一直没有松开手中的拖把，你知道，人面对死亡时，那种求生的渴望是多么强烈！就是靠着这个拖把，我在太平洋里，竭尽全力挣扎了整整48个小时……”

二副停下来，顿了顿，抚了抚高更已有些冒汗的手，接着说：“感谢上帝！还好，一条驶过的轮船终于发现了我，我被搭救上来。”

高更终于长长地舒了口气。他继续蛮有兴致地听下去。

“后来那艘船行至中途，停泊在太平洋的一个岛屿上休整，水手们都下船登上岸去，我也和他们一样登上了那个小岛。那真是一座美丽的岛屿啊，当地土著岛民那热情的款待深深感动了我，他们那奇异的服装民俗吸引了我，我乐而忘归，在岛上逗留了太长的时间，当我猛然觉察到我周围再无同伴时，那条船已起航开走了……”

“什么？船开走了？嗨！上帝！那怎么过啊！一座孤岛。”高更再次惊讶地说道。

“我当时的心境和你现在说的一样，我觉得我再次被抛弃在了大海之中。可是，我却想错了。”

“哼？错了？”高更疑惑地看着二副。二副点了点头，接着说：

“那里的自然景色如同世外桃源和美妙的仙境一般。我几乎周游了全世界，也没有看见过如此美丽的地方。更让人惊喜的是，岛上的土著人是那样地善良好客。他们拿出他们的所有，以各式各样的方式来关怀和照顾我，想方设法让我高兴、不受寂寞。就这样，我在岛上和土著人共同生活了两年。我觉得我过的十分快活，也十分充实，而土著人的日子在我看来则更是幸福、祥和。那里一切都是那样和谐、古朴而美丽，那可真是人间天堂啊！”

“……直到有一天，另一艘船在这里泊岸，我才在无奈的情境下重新被带回法国。”

高更在二副的叹息声中回味着他意味深长的话，他梦想的幻影好似从二副这个实在美妙的故事中得到了真实的解释和触摸。他张大了嘴巴，畅游在二副所讲的美好情境中去了……

夜很深了，二副有些疲惫地站起了身子，回忆使他的眼睛迷离了许多，而高更则是对远方岛屿的更多沉醉。最后，二副在高更面前无不惋惜地抱怨道：“上帝啊！我当时是多么的愚蠢呀！现在我又不得不重新在海洋上过着这种危险漂泊的生活了……在那座小岛上我生活的曾是那么幸福！在野蛮人那里有善良、有爱心，一切都称心如意，而在这里却到处都充满了虚伪与邪恶！如今，我是多么的怀念在那座小岛上度过的每一个日日夜夜啊！”

说完，二副回到舱里去了，而高更则呆呆地站在那里一动不动……是的，二副这段富有传奇色彩的经历，使高更铭心刻骨，终生不忘。高更从幼年时以来所勾勒的那种模糊的，但却是和谐、美好、纯洁的生活在二副所讲的故事里得到了印证。他心潮起伏，思绪难平，他强烈地感受到了一种来自灵魂的战栗。可以说，二副的传奇经历给高更下半生的命运选择起了深刻影响。

1866 年，高更由甲板的轮机见习生升到船舵助手。这一年他又以二副的身份来到“吉利号”船上工作。从 1868 年 1 月，他又开始在海军服役。同年 3 月他来到瑟堡，登上战舰“吉隆姆·拿破仑”号。这艘战舰的任务是跟随一只巡航舰队在北极的挪威海面上进行巡逻。

1870 年，普法战争开始后，由于法兰西帝国的败北，“吉隆姆·拿破仑号”被改编为“德塞克斯号”。1871 年 4 月 3 日，不满 23 岁的高更退役下船，结束了他海上漂泊的生活。

从 1865 年至 1871 年，高更几乎不间断地在海上度过了他 17 岁到 23 岁的青年生活。也是在此时，他以海上生活的方式度过了他的青春期和思想性格的成熟期。前 3 年他在商船上学徒，后 3 年他在战舰上服役。在此使他有机会周游了世界，灵魂中那种久蓄的浪迹天涯，远离人类，领略异国风光的渴望得以满足。

这 6 年的海上生活，对高更一生的影响是十分重要的，这段生活，不仅使他满足了自己的好奇心，同时对许多国家的风俗民情也有了不少了解。他在切身经历中学到并看到了许许多多书本上、学校里根本无法学到的东西。丰富的阅历，使他的眼界更为宽阔，积累了丰富的经验，而知识修养也在现实生活的实践中得以极大的滋润，他在生活中成熟起来，思想更为深刻敏锐，体魄更加健壮，意志更加坚定。总之，数年的独闯天下的海上生活，很好地锻炼了高更。他具备了为排除万难而应有的坚强勇气。

在此期间，他曾数次途径南美。故地重游，他的心中再次激荡起儿时的记忆。面对祖先的故土，他一次次膜拜寻找他心中的偶像和残存的记忆。他的根扎在那里，他的魂系在那里，每一条小街，每一湾溪水，每一座教堂顶端那木刻的装饰图案，都似乎让他真的呼吸到了祖先留下来的空气。那里依旧是那样的古朴，所以每一次来去，他的那种发自灵魂深处的呼喊在他周身回荡："我又回来了！""我又回来了！"

这一时期他还曾经去过印度。古老东方国度的神秘深深地吸引着他。那美丽的装饰品，那信笃善良的人们，那悠久古朴的文化，还有那些蒙着面纱的妇女，使高更想起母亲在利玛时所穿的具有别样风格的服装……

高更在外面的世界像鸟儿一样自由自在地飞翔去了，可是母亲阿丽娜·玛丽在他出走的数年时间里，无时无刻不被思念儿子的痛苦煎熬着。她生活得很孤独，日夜惦念海上航行的儿子。后来，她由奥尔良移居巴黎，投奔她母亲生前的好友——阿罗沙。然而定居巴黎后的生活，也并没有减轻由于想念儿子所给她心灵带来的痛苦程度。她越发的瘦弱下去，于 1867 年在圣·克鲁德，满怀着对高更无限的眷爱，忧郁而死。

而高更对此却一无所知。他依旧沉浸在他浪漫的幻想之中。却不曾想到为他辛苦一生的母亲，带着满腔孤独和幽怨，一个人默默无息地走了……

她曾是那样地坚韧、顽强。

她曾是那样地高傲、无畏。

“您和我一样，都是苦命的人”。（文森特·梵高致保罗·高更）是的，当23岁的高更结束海上生活，退役返回家时，家已不能称之为家了。此时，母亲已辞世4年，唯一的姐姐已远嫁智利商人，家中的房屋财产全部在普法战争的烟火里毁于一旦。迎接他的是破败不堪的糟乱景象。他深切地感受到自己的确是个无家可归的人了。

但是海上生活锻炼了高更，他不但具有强健的体魄，成长为一名青年男子，而且面对生活中的困难，他已经学会去从容不迫地克服它了，他的思想和意志已完全地成熟起来。面对家庭的骤然变化，他没有感到惊慌失措，他冷静地为自己寻找发展的前途。

他已成长为一个坚强的、不易被任何困难击倒的人了。

可是，阿丽娜·玛丽在临终前，仍念念不忘她那日夜思念的海外游子的归来。为了不使儿子回来后流浪街头，她拜托阿罗沙做孩子的监护人，把孩子未来的一切都交给了他，请求他日后给予高更在生活与工作上的扶持。阿罗沙是一位信守诺言的人，他利用自己的关系，在高更回来后不久便很快为他谋到一个在拉菲尔特街的布尔丹证券交易所做股票经纪人的职位，为这个年轻人创造了一个优越的生活环境，高更从此步入了一个令人尊重羡慕的社会阶层。

高更在巴黎这个证券交易所一干就是11年。他先当掮客，后做清理人。童年高更精于计算的天赋曾令他母亲惊讶不已，而今具有丰富经历的高更，精明的经商之道在这里派上了用场。他天资很高，很快便学会了许多股票经营的丰富知识，获得了经验，并在交易中频频得手，事业上也春风得意，仅在一年中，他就大约赚了4万金法郎。丰富的经济基础，使他过上了一种富足的资产者生活。

布尔丹证券交易所的同事苏菲奈克是高更的亲密朋友。他来自阿尔萨斯省，他曾搞过一段艺术创作，早期的作品还曾在巴黎美术学院里得过奖。而高更呢，自幼便酷爱艺术，还在海上漂泊的那几年，他便十分留心观察各国的不同艺术样式。共同的兴趣和爱好，使他们在工作之余，经常相约去卢浮宫和其他博物馆参观画展，尤其喜欢去那些展览新风格作品的画廊。苏菲奈克还把自己家中收藏的一些油画给高更欣赏，有时还鼓励高更利用业余时间试着画几笔。苏菲奈克称得上是高更从事艺术创作的最早一位启蒙者。

高更的监护人古斯塔夫·阿罗沙是一位颇具鉴赏能力

的收藏家和艺术爱好者。他不仅帮助高更找到了一份好工作，而且还是高更走上绘画之路的引路人。他经常把高更带到家中欣赏他所收藏的那些艺术品。高更就是在他那里第一次看到了后来成为著名画家的许多人的作品。他被它们深深地激动着，他感到灵魂中的某种东西和这些色彩斑斓的画融合在一起，并得到了某种解释。这些收藏的作品中有毕沙罗、德拉克洛瓦、库尔贝、柯罗、杜米埃、戎金等当时尚未出名的艺术家的优秀创作。阿罗沙还能逼真地临摹其中的一些作品。例如普吕东、普维·德·夏凡的作品。

就是在 1871 年，刚刚从海上漂泊回来在布尔丹证卷交易所工作的高更，在进入由金钱构筑的世界的同时，也开始利用业余时间进行绘画。因为，此时，他与生俱来的艺术天赋在他丰富的经历不断积累沉淀下已汇成汪洋，只需找到一个突破口，便会奔涌而出。而今良好的艺术氛围和安稳的生活环境正给他提供了这样一个契机。

于是，在他那颗骚动的心灵的驱使下，23 岁的高更开始在工作之余画些油画和素描，并和监护人阿罗沙的女儿一起创作。她是个艺术家，给予高更以最初的绘画知识方面的帮助。高更最初的作品《一个湖边的房屋》是他摸索尝试绘画艺术的见证。

正如人们后来所说："绘画，是他出自本能的一种渴望，他有这方面的天才，他与生俱来就应该是一位艺术家。"

是的，高更这个平时看上去十分沉默寡言的人，对于那些众人热衷的社交活动毫无兴趣，而唯有对艺术日胜一日地热爱。这种爱好并非一时心血来潮的冲动，而是祖辈血液中的遗传，雕刻家外祖父的某些天赋所致。

高更的外祖父安德烈·萨扎尔对高更最直接的遗传影响往往被人们所忽略，甚至说干脆忘记了。在萨扎尔身上不乏艺术天才，他的弟弟也是一位雕刻家，曾在自然博物馆里教授怎样画动物；他的母亲也曾经发表过一些版画作品。安德烈·萨扎尔曾经画了许多使高更非常感兴趣的土著人肖像，做了大批圆雕和浮雕形式的半身像以及临摹作品，还有众多的刺绣作品。其中有两件为最引人入胜的成功作品是版画。一幅表现了两个使人感到神秘而恐惧的动物；另一幅叫《梅来城的岩石桥》，构图匀称单纯，色调瑰丽明快，成功地表现了宇宙中一个奇迹的缩影。先辈的气质禀赋传给后来子孙是无可争议的。

高更对艺术的浓厚兴趣不仅来自于他祖先的遗传和他

周围的朋友，而且当然还来自于他所生活的那个时代。在他生活的那个时代的空气中，我们知道，到处弥漫着一种艺术创作的气息，社会环境无疑是培养艺术家的摇篮。而1870年至1900年间的法国，正是群星璀璨的绘画时代。而高更正是生活在那样的时代里，所以他由最初的业余艺术爱好者，业余画家而最终走上真正的艺术之路，成为伟大的艺术家就不足为奇了。

1873年11月23日，已在布尔丹证券所工作了两年的高更，感到生意场上竞争激烈，他需要建立一个宁静温馨的家庭。于是在这一天，他和一位名字叫做梅特—索菲·迦德的丹麦姑娘缔结了良缘。婚后他们定居巴黎，家业兴旺，生活幸福。

梅特是位身材高大、肩膀宽阔、体态匀称健美、思想自由、大胆泼辣，拖着一头迷人金发的靓丽女。她优雅的谈吐和文明的教养使高更神魂颠倒，倾心不已。他在给友人的信中说："有幸偷窃了丹麦的一颗明珠。"就是这样一个让高更心爱的妻子，于1874年8月为他生下了第一个儿子，取名爱米尔，高更曾满怀柔情地描写到："他洁白得像天鹅，强壮得像赫克力斯神。"1877年，女儿阿丽娜也降临人世，给这个生活幸福富足的家庭带来了欢乐。这时的高更事业顺利，就这样，他和妻子、儿女在巴黎一同度过了 11 年安稳美满的家庭生活。直到第 5 个孩子出生时，高更决定辞去布尔丹证券交易所的工作，放弃资产者生活，而从事“整天专心绘画”的时候，他们全家才迁居鲁昂，离开了巴黎这座繁华的城市。

就是在我们今天看来，高更所拥有的这种殷实富有的生活是多少人不懈追求的。而早在 19 世纪的高更却为了他渴求的理想，舍弃了许多人所拼尽一生追求的财富、地位、金钱。这需要怎样的勇气啊！“我们从哪里来？我们是什么？我们往哪里去？”这是高更一生艺术生命的悲壮呐喊和苦难探索，为了他的伟大艺术，高更做出了真正的英勇无畏的牺牲。难道当我们面对他的这种伟大的超凡的、而又布满了血泪荆棘的选择时，不该肃然起敬吗？不该大吼一声：“伟大的高更吗?”

是艺术在将高更感召。他需要艺术，艺术同样也需要他。这一时期的高更在阿罗沙的介绍下，认识了许多印象派的画家。尤其是高更与卡美尔·毕沙罗这位印象派先驱之一的相遇，是他一改生活初衷决定的重要因素，命运也随之改变了方向。毕沙罗等印象派画家在创作上离经叛道，反对传统，大胆革新的绘画风格深深将高更隐藏在内心深处的欲望重新激发出来，他把全部的业余时间投入到学习艺术上。

1874年，他去克拉罗西学院听课，进行必要的基础训练，还享受一些助学金。他十分虔诚而又虚心地拿着自己的习作四处求教；并对着阿罗沙收藏的作品进行临摹研究。尽管收藏的作品风格不同，画家的名声也不尽一致，但高更却从对这些作品的临摹中学会了许多表现技巧。其中他所临摹的德拉克洛瓦的《混血女人的习作》，对其最初艺术创作的影响较大。

1874年4月15日至5月15日，那些不愿循规蹈矩，走出画室，用光来表现自然，力求用暂短印象描绘出来的创新艺术家们，在巴黎卡普辛大街35号的摄影师纳达尔工作室楼上办了一次“无名画家、雕塑家，版画家和其他艺术家联合会展览”，其中有莫奈、雷诺阿、塞尚、西斯莱等29人参加。此次画展在社会上引起极大轰动，这就是后来众所周知的被称做为《第一届印象派画展》的那一次展览。展后，巴黎《喧哗日报》记者路易·勒鲁瓦在该报发表评论，借莫奈《印象·日出》一画的名字来嘲讽这次展览会的作品。创新画家们欣然沿用了这一称号。印象派画家被评论家说是“失常、幼稚、疯狂”等，他们与传统势不两立，始终在艺术界权威们的冷嘲热讽中和诋毁轻藐中进行探索和发展的，并且迎来了鼎盛期，形成了自己的流派。

此时，26 岁的高更已从事业余绘画 3 年了，但他仅仅是个初学者。印象派画家全新的艺术创作给他青年时期以深刻的影响，他完全被这种反传统的艺术吸引了，他更加忘我地沉浸在对艺术创作的巨大热情中去了。

高更和毕沙罗随着交往的增多，两人的友谊逐渐加深。毕沙罗出生在安德列斯群岛的圣托马斯，后来迁居印度群岛，最后随家族来到法国接受必要的教育。他丰富的个人经历唤起了高更儿时在利玛的回忆，他们的关系更加密切了。毕沙罗不仅富有理论素养，而且为人谦逊，具有忠厚热情的性格。他的家庭生活极为贫寒，经常靠借款度日，一个孩子也由于贫困而死，并有时几天吃不上东西，但他依旧忍着饥饿进行创作。这一切，青年高更看得真切，对毕沙罗这种热爱艺术的不懈追求很是钦佩。他心悦诚服地拜毕沙罗为自己的第一位老师，并视他为自己的朋友。他的一些油画创作方法，都是模仿毕沙罗《白杨树》，由此可见毕沙罗对高更的影响，尤其是最初的影响！

而毕沙罗对高更也是另眼相看的。他被眼前这个年轻人执著的热情和丰富的精神世界感动了。高更对艺术的敏感悟性和独创见解也让毕沙罗惊讶、赞叹。所以当高更向他请教时，他总是毫不隐瞒地将自己的艺术观点和作画经验传授给这个年轻的业余画家。还给他不断地介绍一些其他朋友，让他参加许多艺术家各不相同的关于艺术创作的讨论，这一切使高更受益匪浅。他的艺术潜在的能力爆发出来了，他的绘画热情更是与日俱增，仅仅两年的时间，即在1876年，他的一幅题名为《维洛弗雷森林中的草丛》的风景画便入选“沙龙”。同时，在官方举办展览的大厅里，他的作品也终于能够同其他专业画家并列挂在一起展出了，而且看上去毫不逊色。

虽说自1871年以来，已23岁的高更开始接触绘画，并在其后即1872年创作《有梨和葡萄的静物》，1875年创作《维罗弗莱森林内景》，1876年创作《牡蛎》等作品，但这无疑是高更最初学习绘画的体现，他还仅仅把自己当做一个初学者。但经过几年的努力，到1876年，已28岁的高更确实有了很大的进步，事实证明，一个名不见经传，以前从未拿过画笔的业余画家如今可以和专业画家共同参加展览，他的确收到了明显的成效。

这次成功，使高更对他的艺术天赋与才气有了信心，并对未来的艺术创作满怀着希望。

此时年富力强的青年高更踏入社会，事业发达，前途无量，家庭温馨，生活闲适……这一切都是令人羡慕不已的；而高更似乎并不注意这些，巴黎是繁华嘈杂的，而他的内心却渴望着寂静、和谐，可以说 28 岁的高更是位事业成功的青年男子。他踌躇满志，意气风发，扶摇直上，事业的前景光辉灿烂。

但是，在高更看来，布尔丹证券交易所经纪人的职位，是他为了生活而谋生的一种途径，他只不过将这种事业看做是他生活的一种依据，并尽可能将其做得很好，以至令人为他的青年得志，事业腾飞而羡慕不已。而其时在他的内心深处，还有一种来自于他的灵魂的，渴望进行艺术创作的强烈欲望，这便是他的另外一种依据，一种他精神上、骨血里的某种依据。在这种欲望的驱使下，他要尽可能将这种他真正炽爱的事业发展、完善，直至推向成功。他已模糊地觉察到这一点，他不能仅在这种事业中，只当个业余画家，他还要继续前行。

虽说高更已有机会同专业画家共同参加画展，但此时他仍是艺术圈的局外人。1874 年至 1876 年间的艺术创作的成功经验给了雄心勃勃的青年高更以极大信心和希望，并使他有决心跻身于印象派画家的行列，并同他们共同举行联展，得到他们的承认。

高更于是在 1876 年至 1880 年间，花很多钱来收藏许多他喜欢的印象派画家的作品。其中包括马奈、毕沙罗、雷诺阿、西斯莱、莫奈、德加、吉以、塞尚等等著名画家的作品。当时，这些画家的作品根本不被承认，由此在我们今天看来，高更的艺术鉴赏力是非常不俗的。并且在数年的时间里，高更都是靠这些引路人的作品而从中学到他所需要的东西。

生性倔强、不达目的决不罢休的高更又经过几年的努力，愿望终于实现了。他终于以专业画家的身份参加了印象派画家的展览。

1879 年，他参加了以“独立画家们的展览会”命名的印象派第四次画展。在经过历次受到的非难之后，这次画展首次取得了空前的成功。它标志着这些创新画家的思想观念和艺术追求已被社会承认和接受了。在这次画展中，高更送展的是一座小雕像，此后历届印象派画展他都有作品展出。

1880 年，第五届印象派画展中，高更展出了 7 件油画作品和 1 尊大理石半身雕像。油画作品中有《隐士之家的苹果树》、《杜邦神父的小经》等，这些作品虽说还没有摆脱毕沙罗的影响，但对于一个在9年之前甚至没碰过画笔的青年来说，也实属难得的成就了。

1881年至1882年间，高更先后分别参加了印象派画家的第六届、第七届展览。这时的高更已不再是卑微的起步者了，创作出的作品也开始令人刮目相看。其中一幅名叫《裸妇习作》的油画是非常出色的作品，它成为高更首次突破了别人的影响、在艺术中寻找到自我的典范。正是这幅杰作使他的名字开始在巴黎那拥有众多艺术家的艺坛上脱颖而出，而且逐渐显露出他非同寻常的光芒来。

当时有一篇著名的美术评论，把高更的《裸妇习作》誉为法国裸体艺术之最。著名评论家雨斯芝称其为绝世之作。他撰文写道："我毫不犹豫地断言，在近代法国所描绘裸体的画家中，没有哪一位画家能够如此强烈地把真实性的感觉表达出来，如此自然深刻地表现出裸体的美感，即便是库尔贝的绘画也不例外……在这里没有丝毫的虚伪，我们看到的不是那种姿势造作的模特儿，却是现实生活中随处可以接触到的平凡女性……这件作品具有一种生机勃勃的感召力，那是一种有血有肉，有神经跳动的皮肤，这实是一幅大胆真实的绘画。"

其实，这样赞誉并非言过其实，因为这幅画异乎寻常地表现出了女性裸体的优美与丰满。它的表现已超出了现实主义范畴，深刻的内容含义可以和小说家阿·莱布尔的作品相媲美。这幅作品是艺术家本人最重要的代表作之一，画中表现了一种特殊的精神。高更只有在精神与肉体绝对自由中才能创作出有价值的作品来。了解了这一点，我们对他具有传奇色彩的一生就不难理解了——忍受悲惨生活，抛弃家庭，远离亲友，不断逃往他心中的乐园。

是的，自 1880 年开始，高更已是一位很有钱的人了。他生活安适，居所豪华，婚姻美满，还有几个可爱的孩子们……然而 1882 年法国经济的不景气却使金融证券也骤然变得萧条起来。那一年发生了著名的“总会”股票暴跌，使许多做证券投机者厄运临头，转盈为亏，高更也正是他们其中的一位。而此时对艺术越发痴迷的高更使他越来越无法忍受证券交易的黯淡前途……他的灵魂已告诉他已无法抗拒艺术的诱惑力。

有一天，他从容不迫地对妻子说：“我已辞去了布尔丹证券交易所的工作，我决心做一名专业画家，从此，我便可以每天都专心绘画了。”

高更毫无商量的这个抉择，对在富足安乐中生活惯了的妻子来说无疑是晴天霹雳！此时她唯有张大嘴巴，以示震惊……这怎么可能呢？谁不愿过衣食无愁，安安稳稳的生活呢？谁不愿拥有金钱、地位、财富所构筑的天堂般生活呢？

然而，高更就是这种为了他心中奋斗的理想，可以抛弃荣华富贵、虚伪奢侈生活的，具有伟大品性的人！

了解当时的社会背景，对高更的这种突然抉择就不足为怪了。1882 年至 1883 年，金融市场的衰败是高更决定弃商从艺的重要客观原因，如果把它说成是根本原因是没有说服力的。因为环境的变化对一个要改变自己命运的人来说永远是一个次要因素。更主要的原因还来自于人类心灵的神秘处，来自使我们生活富有活力的本性。这么来分析，从高更以往的艺术天赋及丰富的阅历以及他心灵深处的骚动，回头来看，他的这种选择便是注定了的。

众所周知，早在 1871 年高更开始习画起，他便模仿柯罗和杜庇尼的方法画了第一幅风景画（现收藏在丹麦）。而后他又进行了最初几年的业余美术爱好者的系统学习和研究。之后，他的创作欲望越发的被其本性驱使越加强烈，他不喜欢社交，不喜欢同艺术以外无用的人交谈，总之，一切与艺术无关的事他不愿接触。他变得更加寡言，更加离群，只是为了提高他的绘画技艺。如此看来，高更弃商从艺的念头早在股票暴跌前就已经成热，只是没有下定决心。而此时艺术成就上的不断提高和前途渺茫的金融市场交易让他最后拿定了主意。由此可见，高更最终的抉择已经是姗姗来迟了。

周围的朋友们认为高更完全是头脑发热，血气之勇，轻率之举。作为高更的老师和密友，毕沙罗非常清楚日后迎接高更的将是怎样的生活。他自己便是个很好的例证。他告诉高更："我在精疲力竭地画了30年以后，才积累了一些经验，现在多少有些成就。然而至今却囊空如洗，一直在拮据窘迫的生活中挣扎。但愿年轻人都清楚地看到这一点，艺术之路不是你曾拥有的荣华富贵之路，你除了在艺术上的热情之外，还会与贫穷为伍、饥饿为伴，……人是靠命运，而不是靠才气的。"

高更衷心地感激老师的肺腑之言。但是为了他的理想，他有足够的勇气抛弃他11年来的资产者生活。

自此，35岁的高更，正值风华正茂的时期，他放弃了在金融业大展宏图的机会，而心甘情愿做一名画家和思想者，他的选择是否在冒险？是否考虑到了日后会被社会和亲朋所冷落歧视。

灾难和厄运迅速地降临了，物质生活从富有的天堂跌入到了贫穷的荒漠之中。1884 年，他在鲁昂创作的油画《村头》等悲惨地甚至连一张也没有售出，更没有什么期待的轰动效应，他想靠卖画谋生的愿望在残酷的现实面前破灭了；后来他们举家迁往丹麦的哥本哈根，妻子与她的娘家人和朋友对他也充满了歧视，她们无休止地埋怨他放弃经纪人的地位，不会挣钱而只会在画室里梦想和自寻烦恼……即使这样，高更依旧于 1885 年在哥本哈根举办了展览，但却备受冷淡和歧视的袭击：美术学院下令关闭，报刊被禁止刊登对他画展有利的评论文章，甚至连做画框的工匠也拒绝为他的画装框。

“当时一个名不见经传的年轻人，还指望有人捧场吗?”高更愤怒地说道：“人类的虚荣心跟蠢愚的行为永远是一样的严重！既然我的画无足轻重，又何必花大力气来攻击我?”

这一时期，高更经历了自他真正走上艺术道路以来极度痛苦的时期。妻子与他分道扬镳，他几乎没有一点生活必需品，贫困潦倒……然而这一切对满怀壮志、一身傲骨的高更来说无可畏惧。他在生活和艺术上要做同样的冒险，因为他已感悟到：“由于我还不具备一个成熟画家的实力，缺少必要的经验和方法，在未来的岁月中，一切都不会是安排好的，要完全靠自己的奋斗去争取。”

“思想，就是斗争，就是饱经痛苦。”他曾向那些认为绘画不是思想感情产物的人大声说道。并为此他用毕生的实践和思索在艺术创作上实现了非同凡响的创造，使一种绘画风格从视觉的角度上变得令人难以置信的概括与清晰。

高更的性格是坚定不移的。他的孤傲与自信，他的怀疑与否定，他那强烈愤世嫉俗的行为是如此易受谴责、如此易受危害。在他身上经常表现出的一种狂妄自大有时只是一种自卫的方式，一种微不足道的抵御四面攻击的招架之举。文森特·梵高评论高更“是一个从社会底层来观察生活的人”。

是的，当高更和儿子挤在一张破床上战战栗栗迎接漫长冬天的时候，当他为孩子医病，而每天到寒冷的火车站给人家张贴广告的时候，当他啃着干面包，披着薄薄的秋衣在冬夜里瑟瑟前行的时候……他依旧没有改变那种他在希望渺茫的逆境中蔑视一切困难，绝不向命运低头的禀赋。这种品格也是一切杰出人物所共同具有的。

高更这样说道：“我不怕痛苦，痛苦会激发你绞尽脑汁地将聪明才智发挥出来，创造出伟大的作品。但痛苦太多，就会置你于死地，最终，使我引以为自豪的是，我傲性十足，仍然在艺术创作中充满活力，我有力量面对痛苦，我愿意这样！”这是一段多么无畏而庄重的宣言啊！我们是否该对这个在贫困中挣扎的“可怜人”肃然起敬呢？

可以说，高更的这种坚强的品格，一方面让我们似乎看到了他外祖母弗洛拉的影子，而另一方面却是他自儿时以来成长过程中的艰难经历所锻造的。他自幼丧父，是在一种自我奋争的环境中成长起来。虽然在利玛时的生活是那样的美妙美满，但转眼即逝，随之而来的便是平凡的普通生活。特殊的经历，养就了小高更高傲、自尊而又有些孤僻的性格，他不喜欢和他周围的孩子们玩闹，而痴迷于追忆美好往事，钻研雕刻，以图来解释他心中的梦想。当他成长为一名少年时，他的自傲甚至变成了妄自尊大，不可一世。他在伙伴们中间，以他的学识和阅历树立了威望，并统领着他们。

他后来还曾回忆起少年时代的一件趣事。当时，他有一件陶瓷艺术品，那是从利玛带回来的他所珍爱的东西。有一天，他在摆弄这个小东西的时候，不知不觉，他的周围围拢过来许多羡慕他的小追随者们，他们请求高更为他们讲述一段关于他在利玛时的一段有趣的故事，骄傲的天性又回归到他的体内，他清高地摆了摆身子，在小朋友面前摆出一副高高大大的样子，但却始终没有开口。周围的伙伴都渴望倾听这些动人的故事的，便只有再三央求他："快点讲吧！"而这时，高更又往往清清嗓子，之后再满怀深情地讲起那古老国度里的故事。"有一天夜里，我和表兄迷失了路……"讲着讲着，他把话题一转，摆了摆手说："你们明天再来听吧！我现在给你们刻一个东西，就照这个。"他指了一下手中的陶瓷品，那是一尊头像的制品。他迅速找来刀和木板，并在上面迅速地雕刻起来……伙伴们更加仰慕他们的这位了不起的"头"了。只见他那双洁白修长的手在不断地上下舞着，木屑一片片落下，很快，一个模糊的头像被形象地雕刻出来，逐渐地，再见他手中的刀几下旋切，这个头像完全清晰地凸现出来，竟也跟他手中拿的那个陶瓷品有几分相像。他们惊叹，他们欢呼！而小高更此时则是更加不屑一顾地骄傲起来，心想，"有什么了不起！""这有何难……"

后来，随着高更的思想成熟，他的孤傲成为他战胜困难的屏障，他曾评论说："自傲是坏处吗？……我相信我们必须拥有它，它是战胜我们心中兽性的最佳武器……由此看来，一个人不需发展自傲、自信的个性吗？事实证明，我们需要自傲、我们需要自信！”正如高更所说，正是这种万难面前不变的自信与他共同战斗，渡过了他最初的逆境贫苦时期，在这种恶劣的生活条件下，高更经过深思熟虑，对艺术的认识开始形成一些成型的观点。这些观点在我们今天看来显现了他对艺术未来的展望，显现了他敏锐的、伟大的艺术直觉力和感悟力。

“长久以来，哲学家们穷其心力地思索着自然界里许多不可思议的超自然现象，而对我们来说，那只是种感觉，……我心中的伟大艺术家是懂得如何传达智慧的人，他的皮肤让他表达出最精微，而又无法捉摸的感受和直觉。”他幡然猛醒，尽管他有卓越的模仿才能，可以模仿塞尚、毕沙罗、德拉中瓦，但是模仿仅仅是抄袭徒有其表的外壳，而精神内涵是无法模仿和抄袭的，他要创造一种伟大的艺术，需要走自己的艺术之路。而摆在面前的首要任务，便是彻底摆脱印象派画家对于这个年轻人的影响。他告诫自己：“要自由自在而又热情地画，你必将有所成就，迟早会得到世人的喝彩！”

正如他 17 岁那年扬帆出海，去过一种完全崭新的自己的生活一样，他已感到自己在艺术道路上要经过第二次“扬帆出海”了。他要寻找自己的艺术道路，他感到：“一幅作品最重要的是应该反映艺术家本身的个性，无论是风景、人物、肖像、静物都应如此。一个艺术家不仅是个敏锐的感受者，而且他还应是懂得如何归纳组织自己的感觉，并将之以最合适的形式表现出来。”

他还说：“艺术应该表达艺术家心灵深处对生活的最深刻体验，反映种种思想和意念。这些在自然中是没有现成的，只有通过艰辛的探索才能掌握。艺术大师的作品莫不如此。”

高更将我们的目光吸引到他所触摸到的“新艺术”上来，这和以往的传统艺术完全是“悖论”的，但是他让我们倾听……

拉斐尔的画里，显示出了人的心灵深处某种意向；而卡洛斯迪朗的画，即使是一幅风景，也好像裸体般的淫荡。画家在掌握了一定的法则和规律后，可以用来表达自己的感受。比如说，每种颜色都有他特别的感情内涵，有些颜色天生高雅，有的则平庸低级，有的颜色强烈刺激，有的则宁静和谐。如果说，枫树被视为哀伤的象征，并非是由于人们惯于将它们和墓地联想在一起，而是因为枫叶的色彩给人以一种悲伤。而那些线条也是如此，弯曲的柳枝包含着诉不尽的哀思，不是任何教育所能够改变的，一个艺术家应善于将这些法则为之所用，加上灵魂的感受力和提炼、概括能力一起，才能创造出一种新的艺术。

没有谁会料到下一个世纪的艺术理论大抵源于此。在大多数画家眼中，高更的这些新发现不仅是新的艺术解放宣言，同时也是他具有过人的智慧和天才的证明。然而当时高更的观点可行与否，还有待于他的创作实践来证明。在这时，他灵魂深处确实感到他在艺术上，为了伟大的目标，他需要“扬帆破浪，走上征程了！”

他再次回忆起他少年时出海的情景。他像一个勇士(虽然他仅是个稚嫩的孩子)，别离时母亲为他哭得红肿的泪眼，别离了给予他最初教育的学校和他的那些对他钦慕的伙伴，走向大海。虽说他并不知道海上漂泊的光阴将会几载，但是他满怀着寻找儿时乐园的梦想。他相信，周游全世界的他定会寻找到儿时的天堂王国。当他看到波涛汹涌的海在他面前翻滚的时候，当他看到偶尔突起的岛屿上那美丽的风光，大自然纯净而未被开化的景色的时候，他小小的心灵是多么的激动啊！他仅仅是个少年，心中充满了许多新奇大胆的想法，他一心渴望的便是能够在海上将他的梦想一一实现。

他踏上了南美洲祖先的土地，他来到了印度，在他漫游四方，在海上由见习生升为二副直至成为一名海军战士的时候，他知识的书库被社会实践、人生的真实体会填充的丰丰实实。他的文化修养在他丰富宽阔的经历中已积累得相当充盈。他在海上漂泊了6年，也同时在海上学习了6年最初的人生经验和知识，因此，他知道这一切对他多么重要！从而，当他面对困难时，他永远是坚强的。而此时，他更明白，当他想驾一叶艺术小舟，独自在巨浪翻涌的艺术之海航行时，更需百倍的勇气和信心。同样是为了久藏心中的梦想，他依旧要义无反顾地前进！

1886年5月，印象派画家最后一次即第八届画展在巴黎举行。从高更送展的作品中已看出，他已经完全熟练地掌握了印象派的绘画方法。其中作品《街道》、《有曼陀铃的静物》，从构图到色彩的表达上有开始向单纯化过渡的倾向，他尝试着用强烈的色彩组织他的画面，寻找表达自我感受的独特方法。评论家莫里斯·马兰格说："高更的艺术是不属于巴黎的，这个孤僻的人，梦想着原色的土地。"

是的，正如马兰格所说，高更自儿时起，直至他的一生，他都在"梦想着这种原色的土地"。"这块原色的土地"是什么？是他儿时的记忆，是他灵魂深处自幼最需要表达的神秘精神。

高更甚至将在利玛一条小街听鸟鸣的某个细节都能记住，"那只小鸟是白色的，非常洁白，它站在房屋上，在那儿唧唧地鸣叫，似乎在呼唤它的亲人，或是在呼唤它的孩子，或是在等待另一只鸟儿的归来……"为什么年纪尚小的高更会对此记忆得如此真切明晰？因为他太爱那里自由自在的美好和谐的幸福生活了，他一生只是渴望这样"自在、和谐"的生活。而利玛浓重的历史背景文化，浓郁的民俗民风，更让高更从巴黎战乱的噩梦中醒来，他由衷地喜欢这种安泰平祥的生活环境，古朴的民俗，善良的人民。他曾这样描述利玛的一条街景。"房子都是那样的别致，神圣的利玛大教堂庄严地矗立在蓝天晴空之下，显得那样神秘。利玛的女人穿着带有面纱的美丽衣服，仿佛是从遥远的国度而来，她们面容笃诚，善良，让你感到慈母般地亲切，而许多男人骑着高头大马，健壮结实，威风凛凛地从街边走过……人们快快活活，自自在在地生活着，在他们那儿似乎看不到生活不如意的孩子！……”这便是高更儿时利玛生活的缩影，这段记忆铭刻在他的灵魂里，他要在画面上依旧寻找这块“原色的”并且是“和谐的”、“古朴的”、“纯洁的”土地，因为这里饱含着他的梦想和渴望。因为也只有在那里，他才可以“自由地去画，自由地创作了……”

虚伪嘈杂的巴黎似乎自儿时起便不是他需要的地方，尽管他生长在这块土地上，但却无法在其中生根成长。他的根远在他祖先曾经住过的土地上，他的禀赋也似乎是在那块土地上。他不会适宜地保持沉默寡言，他对巴黎的社交活动深恶痛绝。他呼吸着巴黎上空“虚伪文明”的空气，便越发感到自己需要他本性中渴望的那种“原始的”、“清洁的”、“自然的”未被文明污染过的“野蛮、古朴”的乐园。为了他的艺术，在他内心那颗灵魂的驱动下，他需要去寻找他一直以来渴求的“原色土地”了。

由此，他与印象派画家们一样在各自的新追求中，因观点不同而各奔东西。而高更，在远方的呼唤下，真正走上了为其以后成就了伟大艺术的道路。

而这种呼唤，在我们今天看来是他天性中血脉里的呼唤，是他心灵向着远方土地的呼唤。这个呼唤让他模糊忆起母亲在利玛时，以为他迷路了，在利玛的各个街口寻找他的呼唤……

远方的呼唤

“上帝啊，当一个人想要以绘画的方式，而不是用文学语言来表达思想时，该是多么的艰难啊……”

1886年，高更终于离开了罗马大街，离开了星期二聚会中所有的画家，离开了所有的朋友和热情的女人，离开了他所处时代令人反感的矫揉造作，来到法国西部的布列塔尼半岛，他终于感应这召唤……

我爱布列塔尼，我在这个地方找到了野性，找到了原始的荒芜和绘画上的原色。当我听到我的木板鞋踏在花岗岩上的回响时，我恍然大悟，这就是我在绘画中所寻觅已久的那种平凡而强悍的声音啊！

是的，在高更的眼里，这是块多么神奇的土地啊！在离开了人类文明几千里以外的地方，这里的景色是如此的古朴、原始而又自然。整个半岛在风暴海浪的侵袭下，显得那样粗犷苍凉。而高更居住的斯太尔省的阿旺桥小镇，天然风景具有一种强劲冷峻之美。咆哮不息的河流，寂静萧索的海岸，巉岩乱石中淙淙流淌的小溪，茂密的森林，山坡上的牛羊和农家的房舍，以及体格强悍的农民……这一切重新唤醒了他身上的野性意识，他感受到了从未有过的完完全全的满足。

这里的夜是这样的寂静，这叫我想起利玛那一样悄无声息的夜。我无法形容，这里一点声音也没有，空气里充满了夜间开放的白花的香气，夜是如此美，……你感到你的灵魂随时都可能升到缥缈的空际，死神的面貌就像你亲爱的朋友那样熟悉。

高更很快积极热情地投入到创作中。这里大自然的景色、历史的遗迹深深地吸引着他。他在某一地点一画就是数月的时间，并且在动笔画以前，他都要观察很久。他认为只有完全透彻地了解物象后，才能体味出整个大自然的精华。这一时期他创作了《四个布列塔尼女子》、《黄色基督》等作品。从这些作品中可以看出，走出巴黎艺坛的高更已完全摆脱印象派画家们的束缚，并开始形成自己的风格。单纯的构图，强有力的线条，装饰性的处理使他的绘画别具风格。

在布列塔尼，他的周围聚集着一群年青的艺术家。如爱米尔·贝尔纳、查里、拉瓦尔等。他们对高更推崇备至，尊为导师。并组织了“阿旺桥画派”。这个画派不满印象派和新印象派的画风，追求一种更新更自由新颖的形式。

而高更的教导对年轻的艺术家们来说亦如金科玉律，后来成为“纳比派”美学的思想基础。

高更在给妻子的信中无不自豪地说：“我现在是阿旺桥最伟大，最受人尊敬的画家，这里的每个人都争先恐后地向我讨教呢！”可见他对年青一代的影响该是多么强烈。

尤其值得一提的是，高更在阿旺桥与富有教养、热情奔放、骚动不安、信奉神秘主义、具有出色绘画天分的年轻人——爱米尔·贝尔纳的相遇，促成了“综合画派”的诞生。

贝尔纳，这位才华横溢的年轻人，他有着和高更一样的头脑，但是他的思想还远不如高更那样深邃深刻。他仅凭着记忆迅速地在高更面前画了一幅色彩鲜艳夺目的风景画《田野中的布列塔尼妇女》，当他摈弃形体和色调上的烦琐变化，用一些最概括简化的，然而是关键性的线条，以及饱和度极强的颜色来表现人物时，高更欣喜地发现和敏锐地感觉到这种综合绘画的意义和方法正是他一直追求的，但却始终没有把握住其中表现力的奥秘。

高更正在竭力寻找创造自己艺术的美，并为美的形式而在探索和实践，而贝尔纳为他提供了最初的灵感。由此，高更以贝尔纳的探索为出发点，将自己独特的精神思想融入这种形式和技法中，达到了前所未有的效果，使综合艺术得以完善。——舍弃传统的空间透视，取消阴影，用平涂的色彩使画面华丽丰满，并卓越非凡起来，显现出了一种原始、纯洁、古朴的伟大力量！

因而我们今天说，保罗·高更创造出了一种崭新的绘画语言。对于他来说，这个世界已不再是原有的样子，它变得更宽广，更有力量，更令人难以解释！

尽管高更在布列塔尼的阿旺桥镇被尊为大师，并拼命工作，进步很快，但靠卖画是分文赚不来的，他从凄凉的秋末开始坚持到乍寒的初冬，最终回到了还是一样冷落他的巴黎……

生活上的种种磨难，艺术道路上的举步维艰，对于高更来说，那是自幼以来命运已安排给他的坎坷之路。少时，他都不曾为之屈服，而今，他会更坚强，尽管他受到亲人的非难，尽管他受到评论家们的嘲讽，尽管他的画一文不值，但是他还是“整天画我的画！”

> 我们每个人活在世界上都是孤独的，我们每个人都被囚禁在一铁塔里，只通过一些符号同别人传达自己的思想！而对于我来说，色彩和形式是有着特殊的独有魅力，我几乎无法忍受地感觉到，我必须将自己的某种感受传达给别人！这就是我创作的唯一意图。

高更正是通过极其艰苦的绘画历程而在精神境界中作出惊人的努力和奋争，没有哪个艺术家真正做到了像他一样地英勇无畏牺牲！也同样没有哪个艺术家在精神世界中走的像他一样的遥远。正因为如此，高更和他的时代隔开了。如果说其他的人都在悄声细语的话，而高更则是在旗帜鲜明地高声呐喊！

1886 年至 1894 年，高更曾先后四次去布列塔尼。他在这里的创作在他艺术的发展中起着重要的作用。

对布列塔尼的自然风光的几度描绘，使高更在精神上感到愉悦。但是儿时利玛的旖旎风光又无时无刻地不在他心中闪现。广漠的高原，翠绿的山岭，绚丽的色彩，浓郁的花香，明媚灿烂的阳光，无雨的蓝天晴空……这一丝绸般柔软正与布列塔尼的冷峻迥然有别，他感到，布列塔尼毕竟在欧洲，他要寻找心中梦想的更加遥远的土地！他向往热带中的太阳。因为，他相信，他的血管里流淌着印加人的血液。“根据传说，印加人是直接从太阳下来的，我终将回到那里去。”

是的，没有哪个画家能把昼夜萦绕在他心头的梦境全部付诸实践。高更为掌握绘画技巧，艰苦奋斗，日夜处于痛苦的煎熬里……他知道，只有到“有太阳的地方”去，他才可能使自己的创作灵感开花结果，因为那里具有他所需要的事物，他的思想将在那里进入一个新鲜的奇异的境界。

仿佛是，高更的精神一直脱离了他的躯体到处漫游，到处寻找寄宿之处，最后，在那个他向往的遥远的土地上，终于进入了躯壳。用一句陈腐的话说，他在那里可谓：“得其所哉。”

终于在 1887 年 4 月，高更同拉瓦尔一同离开巴黎，到巴拿马创造新生活去了。并作为一个完全自由的人去生活了。

他满怀着希冀，青年时海上漂泊的日子再次由记忆深处向他走来。二副曾给他讲过的那个迷人的岛屿上的神奇风俗让他永远无法忘怀。他渴望他能够在巴拿马寻找到一种离群索居，世外桃源式的生活。他曾满怀深情地描写着他的此次旅行。

> 那里有一座美丽富饶，人迹罕至的岛屿，是一块丝毫没有被文明所污染的自由乐土。在那里可以自在逍遥，过着一种原始野蛮人的生活！我带上我的颜色和画笔，在这个远离世人的境地，可以完全投入到艺术创作中去了。

然而不幸的是，正与此相反，岛上古朴原始的情调被浩荡的劳工号子给破坏殆尽。为了生存，高更和拉瓦尔做了修筑工，尔后他们又去了大西洋法属的马提尼克岛。

正如他 17 岁走向大海时一样，青年的他曾不断地为自己走出校园，走出循环往返的家居生活而获得了自由而欣喜若狂。当他面对海天茫茫的辽阔景色时，当他在高船上品味各地的风光风情风俗时，他由衷地感到他终于成为灵魂的主人了。他好像昂首于星斗漫步。而此时，当他死里逃生来到马提尼克岛时，他依旧和去年时一样，为拥有自由而高兴。他希望在这里可以找到他儿时利玛的天空："在利玛的街道，你似乎一伸手就会触摸到美。它是那样的肃穆宁静，好像仿佛'美'是一件抚摸得到的实体一样。你好像同飒飒的微风，同绽露嫩叶的树木，同波光变幻的流水息息相通。你觉得在那里，你自己便是上帝！"

正是"柳暗花明又一村"。高更所到的马提尼克岛上风光宜人，四季如春，森林层层浓郁，鲜果累累，绿草如茵，民风纯朴，男人豪爽，女人柔情，四周是波澜壮阔的大海，这里混杂着土著人、黑人、中国人、印度人，他们过着单纯而快乐的生活。

每当高更看到村中的土著男子整天唱着情歌，推着磨子，不知何为单调贫乏的时候，他便想起二副在那个快活的岛屿上的幸福生活。是的，他们的生活是多么的多姿多彩。这里似乎便是高更心目中的天堂！这里的"美"四处游走，自由地引导你漫步……自此，高更的作品愈加向纯朴直率的方面发展了。这里的强烈光线使他感觉到了色彩的明度和饱和度，这是布列塔尼永远不能提供的。随之，他对色彩认识进一步深化。他现在似乎是用画地形图般的线条勾勒轮廓，在色调的运用上倾向于融合为统一的色调，有时色彩的表现强烈而微妙，符合未遭文明破坏的天真土著人情调，那么粗野，原始。

每个画家都被来自自己灵魂深处的特殊渴望所驱使而独立地走上自己的艺术道路。高更在植物茂盛的热带和自然原始生活面前更加深了对艺术的理解，可以说，马提尼克岛的生活与绘画经验，对于他至关重要。此时期他的作品有《黑女人》等20幅作品。

以椰子果腹、山泉解渴的原始人的生活很快使两个从城市里来的白人失去了快乐，他们相继病倒，甚至丧命，最终他们又回到巴黎。

此时的巴黎正是雪花飘飞的季节。虽然他带回了“画得如此平易近人而又明确的画”，其中，《在海边》、《热带植物》等都是他的代表作。但是，就像这个寒冷的冬天一样，他依旧在瑟瑟的寒风中苦苦度日，没有人了解他。尽管这样，作为一个艺术家的责任是不断地工作，使自己坚强，这一点他已做到。

1888年2月，高更第二次去阿旺桥，开始了他艺术生命中最辉煌的一页。他用他新的观点重新观察布列塔尼的风土人情，用新的形式来表达这种感情。

自由的高更便表现出敏感多情的天性来，他细心观察，对感兴趣的事物竟可以过目不忘。而他也同样拥有一颗善良的心，当他还在利玛时，许多在其他孩子并不注意的情境中，他便会体察出许多道理来：花朵是多情的，空气是和谐干净的……高更是个具有更深厚感情的人，后来他之所以离家弃子，是他为艺术事业不得已而为之的。此次离家写给他妻子的信便可为证："自我离开家庭以来，一直靠鼓起勇气支撑着。为了办到这一点，我已习惯于硬起心肠。我收起所有敏感的心思，麻醉自己。若要我再见到孩子们，恐怕再也难以离开他们了……你知道，在我身上有双重个性，一方面是个敏感的人，另一方面是个骁勇的印第安人，如今敏感的一方面已逐渐消逝，印第安人那一部分却日益变得昂首阔步。为了我的艺术工作，粗犷野蛮的我必须永远活跃。"

高更在阿旺桥将自己的艺术创作推向高潮。作品《雅各与天使搏斗》、《黄色基督》等，成为艺术史上不朽的杰作。

他认为画家应该多思索能够使创作结出果实，少去想自然本身，艺术是一种抽象。在这种新思想的引导下，他的作品有了明显的转变，他由摸索变为肯定，终于形成了自己成熟的风格。即其绘画不再追求空间的深度，用平涂的表面，强烈的轮廓以及主观化的色彩来表现经过概括和简化了的形体。形与色都服从于一定的秩序，服从于某种几何形的图案，具有很强的装饰性与节奏感。含有浓厚的象征性和艺术表现的原始性。强烈地表现了印象、观念和经验三者的综合，这种绘画被评论家称为“综合主义”。

高更是位离经叛道的、孤傲的艺术家。周围的艺术家对他的风格也有不尽相同的反应。理解他的人越来越少，但这又能怎样？在不久的将来，他相信他的长处终将被肯定，他必将艺术追求到底。这就是高更！

为推进他的新风格发展，阿旺桥成立学派，宣传新思想，吸引了一大批反传统的艺术家。1900 年左右，这种新风格曾经大出风头，被公认为“新艺术”。高更善用幻想性的内容充实画面，将表达的感受象征化，因此，使他成为“象征主义”的创始人。

1888 年 10 月，高更再次到巴黎举办个人展览，但新风格的创作备受冷落，无人问津。12 月，高更应文森特·梵高的邀请，来到法国南部小城阿尔，两人共同创作。但遗憾的是两个天才不久便因创作观点的本质不同开始矛盾起来。梵高是个浪漫派，热衷于在色彩的表现上尝试冒险，推陈出新。而高更则倾向于原始艺术，追求古典华美。他们一个是生性孤傲，随时可爆发的火山，一个是狂热主观，内心肆意翻腾的沸水。他们彼此挑剔毛病，争论激烈，直至精疲力竭！

一个从圣经中燃烧出来的疯狂的人和一个从太阳上下来的高傲的野蛮人妄想一起工作的计划，在他们日益尖锐的争吵中最后以悲剧结束。此时，高更的作品有《阿尔的农家小屋》等。

一个圣诞之夜，当高更像小时一样漫步在街上时，突然听到身后一种急促而熟悉的脚步声。他猛一转身，只见梵高正拿着剃须刀向他扑来……高更一下停住脚步，冷冷地盯着这个荷兰人，在高更威慑的目光下，梵高垂下手臂，快快而去。

谁也没料到，梵高回到房间便割下自己的一只耳朵，然后将耳朵装进信封，送给一位美丽的姑娘，告诉她："这就是我的纪念。"翌年 7 月，梵高自杀后，高更为这个天才写了一篇悼文："死之将永远停止他所有的苦楚，来世他将丰收今世的耕耘。他走了，带着兄弟对他的情思和很少同行的了解，平静地走了。"

高更从阿尔返回巴黎后，美术学院的青年学生对高更的艺术更加顶礼膜拜，忠诚于高更的艺术观念，并视为宗教启示和训条。后来他们组成了“纳比派”。在这个流派看来，“艺术不是模仿，艺术变成了自然的主观调整”，他们进行主观化的艺术创作，主要形式是用一定秩序把色彩加以结合，以一种装饰趣味表达一种内在的神秘思想，同时他们又在绘画的象征语言上进行探索。

高更在 1889 年创作了 3 幅具有象征主义特征的作品，由此象征派作家将高更视为一个创立在作品中表达思想观点的画家。

其一，《雅各与天使的搏斗》中，他画了当地农妇对圣徒形象的崇拜。这场格斗仿佛产生在梦幻中的远处。

其二，《黄色基督》力图表现气氛的凄凉，用间接的象征色彩来表达内心的意向。

其三，《美丽的昂热尔》中，他将肖像安置在一个虚幻的圆圈中，左侧有一尊佛像，显示了高更对神秘主义的崇拜。

马拉美说：“令人惊奇的是这么多奥妙竟能容纳在这么鲜明的形式之中。”可以说，高更是一个象征主义画家，他用画的造型结构和色彩来表现了他所追求的思想，高更又是一个综合主义画家，因为他的画归纳了几种其他流派的风格，具有普遍明确的主观性。

保罗·高更创造了一种崭新的绘画语言。评论家阿尔贝·奥里埃狂喜地把高更誉为新流派的主要缔造者。

1890 年 6 月，高更看了在一些关于印度支那和爪哇的风情照片后，再次感到：“伟大的思想时刻在远东的艺术里，我想我可以从那里获得新生。西方发展至此已败坏了，一个坚强的人，如希腊神话里的安特斯，只需涉足远东，即可寻回力量，一二年后便可以以全新的面貌回来。”

东方风物再一次勾起了他的幻想，他又重新萌发了对异国情调的向往。

他依旧记得他 17 岁出海初登印度的情景。那里的历史遗迹是那么的悠久而古老，那里的人们是那样地笃信宗教，虔诚信服，那里的人虽未开化但却是善良、纯真、可亲的。他们穿着色彩艳丽的服装，蒙着面纱，让你感到古老国度里的某种神秘……

往事的回忆，使他面对巴黎时又感垂头丧气，欧洲这块物质文明土地对于他来说，苦难多于快乐。离开无情的欧洲，背弃这个所谓的文明社会，抛弃虚伪的争名逐利的生活渴望，一直沉重地压在他的心头。天地之大，理想中的伊甸园竟在何方呢？

每当寂静的夜晚来临，便会让他想起少时出海，一位朋友同他谈起他在某岛上那段美好的不可思议的日子的美妙故事。他想那里可真是充满芳香的土地啊！同样拥有印第安血统的高更似乎更情愿将自己装扮成印加人后裔，在僵化的文明人眼里，那里拥居着所谓的野蛮人，高更却认为那里保持着原始的、纯洁人类本身的状态。他想他这个生得粗野不驯，眼睛深邃冷漠而又炯炯有神，身材强壮高大而又满嘴巴长满了红胡子，衣衫褴褛的人居住在土著人中间，似乎会更“土化”呢！

于是他决定去太平洋的塔希提岛终其余生。他知道他的作品将会是粒种子，终将在塔希提岛原始而肥沃的土壤中生根发芽，茁壮成长。“让其他人去拥有荣誉吧！我只求宁静！”在欧洲，死即是终点，而在塔希提，我视死亡为根，他必将复生，开放出灿烂的花朵。”

可以说，高更对南国岛屿原始生活的热爱，既包含了对欧洲文明的逃避，也有企图寻回南美童年生活的梦想。这种隐遁既出于理想主义的考虑，也有出于感官享受的缘由。他喜爱明亮的色彩，自由的生活，他认为在塔希提那没有任何金钱交易的原始生活中，他会创造出更为精美、更为古雅的艺术来。

1891年，高更为筹集去塔希提岛的路费，折卖了一些作品，当时的著名作家奥克塔夫·米博撰写了一篇热情洋溢赞美高更的文章。

文中写道："高更先生将去塔希提，想在那里造间茅屋，独自过静居数年自给自足的生活……并希望能够在宁静中思索一下几年来的生活经历，寻回使他魂牵的东西。"

一个人自愿远离文明世界，一心想居住于沉寂荒芜的世界，甘愿放逐，去寻找宁静和被尘世俗务所湮没的心声，以便更好地领悟人生，这种行为使我感动。

"高更先生是位不同凡响的超脱的艺术家。他极少自夸于世，人们也很少了解他脱俗超凡的艺术风格和感染力很强的作品，这位热情的画家永远不会只满足于梦幻，随着梦幻的一再表达，它会成长振奋起来。"

"现在，高更就怀念起他最初编织梦幻的地方来……对宁静、沉思、冥想和绝对孤寂的向往，曾促使他17岁起远游出海，而后他又去过马提尼克岛，而这次他将走得更远。"

“塔希提岛更适合高更的梦幻，他希望太平洋更加温柔地注视和爱抚他。这是一种重新找到祖先的古老而诚挚的爱。不管他哪里去，高更可以确信，我非常敬爱他。”

“他从不满足于眼前的成就，他总是把目光投向将来，希望能达到人力所不及的境界。他不断地探索前进，又总觉得没有尽全力。他以剥茧抽丝的方式理出更抽象、更神秘表达自我的方式，他的思维经常在他曾留恋的地方驰骋，他觉得在那里可以发掘更多使他倾心，符合他想象的新题材……”

“高更所创造的艺术，是伟大的原始艺术。”

“我想，这个评价，对高更来说是当之无愧的。”

1891 年 4 月 4 日，高更拿着卖画所得的 8860 金法郎，终于离开了文明社会，向塔希提岛进军了！

此次不仅是冒险，也是对他自己人格和信心的再一次考验。

在美丽的热带之夜的寂静中，高更终于可以倾听自己充满无限爱意的心灵跳动和他周围神秘的生物和谐地鸣奏出来的温柔而甜蜜的乐曲了。他终于获得自由地去爱，自由地去唱歌，自由地去死亡了……

来到塔希提岛的高更很快找到了他的“桃源仙境——

马泰埃阿村，在土著人的小茅屋中住了下来。

高更似乎从幼时起，便不注意他家中居室的安适程度，他只是对某些艺术品感兴趣，对他心中的梦想感兴趣，因此他的生存环境不管怎样恶劣，都似乎根本无法影响他探索灵魂、关注精神的兴致。因此，在土著人极其艰苦的生存环境下，他依旧发自内心地赞美道；“最令我感到惊奇的是那静谧的夜晚，连划破天空的鸟鸣都听不见，一片枯叶吹下来，仿佛是轻抚灵魂的叩击。”

岛上的一切都使高更入迷若狂，他学穿土著人的衣服，皈依他们的宗教，他贪婪地描绘着岛上的风情、景色、人物、传说。高更希望在这座岛屿上不仅可以找到新的灵感，而且他还要找到原始人精神的踪迹和灵魂的印象。

在他的意念中，有一种强烈的欲望，就是想回到“我童年时代的玩具‘达达’，回到我的好木马上”。这里是他艺术灵魂再生的源泉，他力图尽可能避免与欧洲人和事物接触，在生活中和印第安人相似或完全一样，通过他们来深入理解这个种族的奥秘。他此时的绘画中都含有一种温柔动人，严肃神秘的滋味。最成功的作品之一有《死者的灵魂注视着》标题具有两个含义：不是女孩注视灵魂，就是灵魂想着女孩。

在塔希提岛的森林中，高更身上一切人性的本能都被唤醒了。他对土著人的女裸体所表现出来的质朴和纯洁有一种崇拜之情，他找到了一种符合他思想追求的美。

在《亚洛斯的种子》中，平涂的色彩，彩板的造型，随意性的解判关系，具有很强烈的抽象性。但画面庄严静美，是任何一种其他的简化处理手法所不能比拟的。

这一时期，高更的绘画具有两种基本倾向。描写塔希提岛妇女那种悠闲的自然生活时，以阿拉伯纹样式的装饰性线条描绘，他希望用这种形式的强烈火热色彩来表达艺术家的神秘主义情绪；而在那些描绘塔希提土著人的生活习惯、宗教仪式及人物肖像的绘画中，他表现了波利尼西亚特殊的与欧洲生活截然不同内涵和具有典型代表意义的毛利人形象。

两年多的时间已过去，此间，高更如公牛般顽强地埋头作画，共完成 66 幅绘画作品和数件雕刻作品。这些充满神秘性的具有象征意义的作品，来自于艺术家内心凝聚的情感。

高更在塔希提岛舒展地迎接生活。在此期间，高更以自己敏感的心灵、流畅清新的文笔写下了许多表达思想感受的文字，这或许是受外祖母的影响吧。在一本《诺阿·诺阿》（回忆录）中，他描绘了自己的生活：

生命在每日清晨觉醒，大地复苏，阳光明媚，充满温暖，内心感到无比欢乐，全身心投入到忘我的艺术创作中。

远处是蓝色的大海，独木舟在海上缓缓而行，使人赏心悦目。年轻人荡起双桨奋力划水，一会儿又让小船儿随波逐流。他们身上穿着蓝色与白色的海裙裤，与他们褐色的胸膛在阳光照耀下显得色彩缤纷。他们洁白的牙齿欢笑中闪烁着光芒……这便是二副所讲的那种美好日子！我也同样找到了！

但很快这种天堂伊甸园的独居生活被接踵而至的烦忧所打断了。生活费用拮据，生活难以维持。但是他知道他要为事业斗争生活到底。

他不能不在幻梦中创造自我。当他每天用一杯水吃下他的干面包时，他的毅力告诉他自己，这是一块牛排……

另外，虽然他逃避文明社会，但却渴望与欧洲艺坛有所沟通。日复一日的寂静使他愈发不能忍受孤独感和冷漠感，这里的生活对一个在文明社会成长起来的人来说，是一种漫长无期的苦行僧式的生活。

1893 年因病高更返回巴黎，他叹道“因为不得已的琐事，我不得不回到法国去，再见了，你真挚的土地，你和谐的土地，你这充满了美和自由的土地。”

当船将高更载去时，他看见那些茫然沉默的塔希提妇女的唇边似乎在吟诵古老的歌谣：

你轻柔的南方和北方的微风啊，
你们那样缠在一起戏耍，
轻拂我的面庞。

你要一直吹向那个岛。
在那个岛上，
在那可爱的树荫下，
那抛弃了我的情人在休息。

你要这样对他说，
说是……

你已看到满脸泪痕的我。

可见，当我们的艺术家离开大洋洲返回欧洲时，依然保留着对这“岛屿天堂”的无限眷恋。

高更将在塔希提全部满意作品带回，以期取得世人的敬佩，但事与愿违，画展遭到了四面八方的反对。莫奈和雷诺阿觉得这种风格的画糟透了；毕沙罗非常反对这种不属于文明人的艺术，谴责高更盗窃野蛮人的艺术。

当时的社会更是嘲讽他，你在报上会读到这样挖苦的文字：“为了使您的孩子快乐，快带他们来参观高更先生的画展吧，孩子们会在那幅表现女人四肢伸展在台球桌上的画面前得到乐趣，这幅画全面地反映了当地的风情……”

高更面对众多非议，尤如他少时的孤傲清高一样，他毫不在乎，他是这样来解释他的创作的，“它们是作为塔希提岛上伟大、深沉和神秘的‘等值’而存在的，人家不喜欢我的作画方法，对于这些我不屑一顾。我只选择我自己所喜欢的去画。”他给自己定下了这样的艺术规程：

为艺术而艺术，这有何妨？

为生活而艺术，这有何妨？

为愉悦而艺术，这有何妨？

只要是艺术，何乐而不为？

“如果一个画家为了画面和谐的需要，他就有权随意地使用色彩。”

他认为艺术家通过在自然面前的深思，取之于自然……通过形与色的结合将它呼唤出来。我们为什么不应该创造多种和谐来应和我们的心灵状态呢？“谁不能把握这些，他是不幸的”。

高更儿时起就对色彩有着敏感的感悟力，他觉得利玛街头的妇女穿着各种色彩艳丽的服装，那色彩给他的感觉是一种奇迹一般的东西。正如她们的文化。因此，他觉得他应该也同样在谜一样的方式里运用它们。少时他喜欢编织各种故事，而今他运用它们去描画，并来揭示色彩的神秘。

“可是，你有技法吗？”他们会问道。

“是的，我没有。但准确地说，我是有一套技法的，不过那是依据我在清晨产生的一种意向而迸发出的即兴技法，一套不关心一般的自然外表真实，而仅凭我自己表达思想的方式去运用的技法。”

不论做画还是做人，高更都是这样任自己的精神四处出巡的。自儿时起，他那大大的高傲翘起的鼻子，火红的头发，炯炯有神的眼睛，不拘一格的衣服，便显现他不被驯服的个性。他自生活在世间乐园的那一天开始，便打定主意自己过自己的生活，由此，他可以出海，青年时学画，之后是放弃资产的生活，最终是浪迹天涯寻找儿时的梦幻，这一切都说明，他的灵魂无论在什么时候，都是自由的，他的绘画也是一样。

高更知道革新艺术是一项艰巨复杂的事业，探索者本人和艺术都要经受观念的挑战和时间的验证。高更是一位不惧任何非难的革新者，他能够以尖刻冷嘲的话语回敬那些攻击他的人来捍卫自己。这又让我们回忆起他 11 岁那年用清高、目空一切的架势在学校里搞些小恶作剧以取乐来抵消生活给他带来磨难的日子。

高更值得称道，也是一般人所不及的一点是，自幼时起，他对违反自己个性和无法接受的观点绝不让步，而且为了自己的目的，有一种百折不屈、不到长城非好汉的坚强意志。

事实证明，高更对艺术革新的敏感远远超过了同时代的其他人。直至他死后多年，马蒂新、德兰、毕加索等现代艺术大师才沿循着他的道路，把非洲和大洋洲艺术中的神秘意识引入到自己的创作中。

此次展览，仅卖掉 11 幅作品。德加和几位评论家对高更的展览给予了肯定和赞扬。评论家莫里斯写道：“这些作品中蕴含着一种宗教性的欢愉，能看到它们是天赐的快乐！”马拉美也说：“这真是非凡的，人能在这么多响亮的色彩里放进这么多神秘。”虽说展览门庭冷落，但其影响，在于它深深地影响了下一代人，成为年轻追随者们的崇拜对象（高更自小便有这种威慑的能力）以至于进入 20 世纪，成为“野兽派”创作的纲领。他们高亢地重复呐喊高更的主张。

“倘若现代文明病了，那么现代艺术也一定病了。我们恢复艺术健康，是唯一的途径。这就是同孩童和野蛮人一样，重新做起来！”

这期间，高更在四面楚歌的情况下依旧在自己的工作室里马不停蹄地进行着艺术创作。《爪哇女人安娜》是他此时的代表作品，充满神话内容的超感觉绘画，具有一种深奥的抽象性。画面大块颜色的强烈对比，突出了这个混血女人身上那种美丽傲慢，风流放荡的个性。而后正是这个女人将高更的所有值钱东西盗窃一空，并给他留下个终生残疾的纪念后，逃之夭夭。

高更再遭厄运，这似乎是命中安排。他自 4 岁失父便一直过着贫苦多难的生活，并且在他生命的最后几年里，对他依旧没有放逐！尽管此时他已名噪巴黎，但画仍一文不名，对异国情调的嗜好使他下定决心，卖掉所有值钱的东西，启程再去太平洋，远离这个给了他无数痛苦和非难的欧洲文明社会，永远地出走，永不再回来。

1895 年 2 月，为筹集这次永远出走的路费，高更再次举办个人画展。尽管有精心设计的画册和感人肺腑的序言，但结果没有他所期望的轰动，也没有得到金钱的实惠，画拍卖的价格十分低廉，高更仅得到了 464 法郎 80 生丁。（而今一张高更的原作可价值连城，悲哉!）

1895 年 7 月，伟大的艺术家高更在几乎被人遗忘的悲惨境遇中，冷冷清清地永远离开了他生活的文明社会，永远地出走了，带着更加深刻的冷落、孤独、贫困返回了他梦魂萦绕的“天堂岛屿”塔希提。

每当他驶向海洋，他便会再次想起他的青年时代的首次出海。他在海上最初航行的三天里，波浪滔天，乌云中相互追逐。三天后风停了，大海不再波涛汹涌，而变得温柔寂静起来，一片碧蓝。他感受到某种冒险的意味，然而这正是他所需要的。他呼吸到的空气像是补身的甘香酒，叫他精神振奋，准备经历一些他从未料到的事，他并为此而跃跃欲试着。

朦胧中他驶近一个危崖高耸的岛屿，阳光灿烂壮丽，它突然从茫茫的海水里神秘地一跃而出，像磨棍召唤出的一幅虚无缥缈的彩锦。岛屿巉岩嶙峋，而这景色，使他想起在利玛时所进行的宗教仪式，用以阻止世俗凡人了解某些秘密。当距离缩小，美丽山峦形状愈加真切时，小岛上的美丽便完全呈现出来。但是高更的船只旁边驶过时，他便发现了它仍然重门深锁，好似没有人能闯入它那幽森的奥秘中去。它在视线里消失，映入高更眼帘的仍是一片茫茫碧波。

高更的心灵如此燥热的翻动起来。他的思想和心灵从来没有如此丰富地感受过这种“闭合了的巨石”的奥秘，宇宙自然的宽广博大，令他欣喜若狂。

很快，在以后的日子里，他又看到了另一番景色。这是一个高耸海面绿葱葱的岛屿，深深的暗绿色使他猜想到那是一条条寂静的峡谷。这些幽深的沟壑里有种神秘气氛，凄冷的溪流在它深处琤琤鸣溅，他感到，在这些浓阴郁郁的地方，远自太古以来生活就一直按照古老的习俗绵绵不息地延续到现在，让他联想到那里生活的人们是那样地欢乐……

正是青年时的这段经历，让他感到他所看到的这最初景象是多么酷似可爱的塔希提岛。

塔希提岛正在面对高更微笑，并表现出无限的情谊。它像一个美丽的妇人，既娴雅又浪漫地向他展示她的全部美貌和魅力。

当船驶进港口的时候，他感到心醉神驰。泊在码头边的双桅帆船每一艘都那么整齐、干净，海湾环抱着的小城洁白、文雅，而法国火焰式建筑物在蔚蓝的天空下却红得刺目，像激情的呼喊一样，极力炫示自己鲜艳的色彩。轮船靠近了码头，蜂拥到岸边的人群兴高采烈而又彬彬有礼。他们一片笑语喧哗，人人挥舞着手臂。从轮船上望去，这是一个棕色面孔的海洋。

是的，在塔希提岛那炎炎碧空下，色彩在炫目地旋转移动。每当这时，高更便又想起利玛那同样也绚丽炽烈的色彩，善良、虔诚的人们。

在岛上他又重新开始为艺术而顽强工作，受苦和挨饿。但他所完成的作品却大都是宁静的，如《甜蜜的岁月》等，尽管高更肉体上经受着常人难以忍耐的痛苦，内心世界也似咆哮的海水那样在为他的艺术而竭力嘶哑呐喊，但是，当我们面对他的作品时，我们却拥有了“和谐、安详、宁静、柔和、纯洁”，我们不能不为他赞叹：一个真正的伟人！

《女人与芒果》便是这样。树木盛开着花，侍女摘取果实，狗在守护着，还有一对鸽子在叫！在这幅画中我们可以看到，当高更一握上画板时，便将困苦与疾病忘掉了，尽管他生活在不尽的苦难中，心中却渴望着讴歌美丽的世界。

厄运终于将高更健壮的身体摧垮，尽管摧不垮他的精神。有一天，他手握画笔衰弱的倒在地上。他几乎已为他所从事的事业耗尽了心血，但是却没有结果。他悲惨地跪在地上，以往的骄傲没有了，他是个微不足道的失败者，但同时又是个无可比拟的成功者。

不能绘画，高更便开始写作。他的一生中厄运似乎总在身后穷追不舍，连他松口气的机会都不肯施予。正当他将满怀的思恋女儿、思恋孩子们的浓情倾注于一本叫做《致阿丽娜的笔记》中的时候，女儿却不幸病逝，使高更悲痛欲绝。

《致阿丽娜的笔记》是高更满腔柔情的父爱对女儿的倾诉……

> 孩子，我相信圣洁的灵魂和艺术的真谛，它们二者为一。……我相信艺术深植于所有被圣灵感染的人们心中，我相信一旦尝到伟大艺术的精髓，以后必将为他工作，为他牺牲，我相信任何献身于艺术的人必将获得幸福……
>
> 我相信，最后的审判，届时有胆识歌颂纯洁艺术的人和那些以粗陋邪恶眼光鄙视艺术的人，都会得到他们各自应有的赏罚。我深信忠于艺术的人必将得到恩赐，他们将穿上馨香四溢，纯美和谐的天赐华衣，回到天国——万物鸣和之中的，永生永世逍遥其中。

可见，高更对自己的伟大艺术有着多么公正的评判。

命运多难的高更，生活在饥饿与绝望的交迫中。爱女夭折的沉重打击令他精神完全崩溃了，他第一次感到绝望，他想到自杀，那是唯一能够解除痛苦的路。

生命尽头的日期已经来临，但艺术家的责任心使高更想在临终前再画一幅大型作品，作为他人生的终曲和留给后人的精神遗嘱。

整整一个月，他处于一种难以形容的癫狂状态之中，昼夜不停地进行画画。这幅画的名字叫《我们从哪里来？我们是什么？我们往哪里去?》

高更要在画上表现出他静坐在农舍旁独自沉思时所呈现的那种幻想情景。表现他自己同整个大自然的交融和他“无法理解我们的来去之谜”的苦恼。他把在绝望心境下的那种悲伤的爱和一种如此清晰的梦境倾注在这幅看起来十分粗糙的创作中。这是一种能看得见的梦境，这梦境充满了对生命奥秘的恐惧。它反映出了一种无可变更的规律。即宇宙有多少生命正在消失，有多少生命又在诞生！

“我认为，以前或以后都再也无法再完成比它更好的作品了。我已将毕生的精力贡献给它”。高更在恶劣的环境中，以痛苦的热情及清晰的幻觉来描绘，因此画面看起来豪无急躁气氛，反而充满生命力。没有模特，没有画技，更没有所谓一般的绘画规则。

高更曾说：“感动之后才能理解。”因此，在他的画中音乐性就是其绘画本质。对高更而言，梦幻与描绘都是同时的事情，“我的灵魂”与“我的装饰”是等值的。因此我们对该作品应抱着“音乐性造型”与“对命运的追忆”两者同时完成的心态来鉴赏。

画家又重新抄写完那部描写塔希提岛纪行的书《诺阿·诺阿》。在这部书中，震撼人心的是一个梦想者执著的想象，一些蠢人冷峻的目光和清醒者的痛苦不安。高更的语言风格是引人入胜的。文中的逸闻趣事更是丰富生动。那其中的木雕水彩画、素描和画家自己绘制的204幅插图，更令人钦佩不已，拍案叫绝。可以说，这本书也同样是高更的梦幻。写出来的梦，美化了的梦，发展了的梦，不惜任何代价来庇护的梦。高亢和低吟的文字证明了这一切。

《诺阿·诺阿》还有一幅歌唱的表情，从歌声中可以倾听到他把自己的生命与这岛屿紧紧相连。他热爱那里的风土人情，白人用他们的法律，他们的宗教信仰，他们的疾病和酒精，毒害了这些纯净的土地。

1898年2月11日，高更到山中企图服毒自杀，却告失败，他重又开始了贫穷的生活。

此时期，他如他外祖母一样有着高昂的政治热情，帮助土著人与当地白人殖民者进行斗争，他曾创办了一份《黄峰月刊》并撰写文章，抨击当地殖民政府，文笔犀利、辞藻尖刻：“殖民就是耕耘，而花大代价来维持征服者在土地上的身私权，不是文明却是可耻的愚昧了。”后来他干脆自己创办了《微笑报》专门揭露丑闻、嘲笑政府和教会，为土著人申冤，他在报上亲自撰文并配上插图。我们从中可以看出高更在为疾病的痛苦怒吼，在为当地政府官员的愚蠢行为怨吼！这是他为人光明磊落崇尚自由，反对虚伪邪恶，为贯彻真理敢于向任何事物挑战并抗争到底的品格表现。

此时高更的作品风格成熟，形式上充满了动人的诗意，用具体的摒弃空间背景的造型语言，表现他渴望逃避的欲念，如《母性》等，表现了人类的崇高与伟大。

1901 年，病入膏肓的高更，要利用生命中最后的机会，挣扎着去完全原始的马克萨斯群岛，他将在那里燃起他内心最后的狂热，将他的才华表露燃尽！

1902 年 8 月，他独自一人泛舟飘向“未开垦的处女地”——马克萨斯群岛的希凡凡岛，并在阿图奥纳村居住下来。

他造了一间别致的茅屋，取名“快乐之家”，并用浮雕装饰，他仿佛是住在伊甸园里。这是与人寰隔绝的一个幽僻的角落，头顶上是蔚蓝的天空，周围一片郁郁苍苍的树木，那里是观赏不尽的色彩，芬芳馥郁的香气，荫翳凉爽的空气。

高更尽情在其中沉醉，他在绘画艺术上的才能，达到成熟完美的阶段。其间作品有《诞生》、《海滨骑士》等。

高更此时虽离不开病榻，但他依旧确信自己的艺术观点是正确的，他要用生命中的最后一击，震醒世界。

> 如果我的作品不能流芳百世，但至少世人会记得，在画坛上曾有这么个人，努力地从过去许多学院派和印象派的错误中走出来，另外开辟了新道路！

是的，正如高更自己所说，在他逝世后的今天和未来，任何一个热爱艺术的人都会记住——伟大的高更。他在现代绘画史上有着举足轻重的地位。

和儿时乐园一般美好的南海岛屿生活拯救了高更的艺术，但也缩短了他的生命，他的身体完全垮下来了，不能作画，而他的艺术却已达到炉火纯青的境地。来日无几的高更不能画，便去写。

他曾写过一篇《一个艺术学生的私语》，文中写道：

我试图证明艺术家根本用不着任何学派的文人支持……我一生都在尝试如何从传统中挣扎出来，那些人总是传播教条，不但损害艺术家的自由，也蒙蔽酷爱艺术的人。

还有本半回忆录式的书《之前之后》，文中包罗万象，有对艺术的探讨，有思想方面争论性质的文章，有对殖民者对土著人虐待的控诉，还有旅游、宗教方面的论述分析……这些都反映了画家特殊的品格和他诚实热情的心灵，读后令人感动不已。

后来友人蒙弗莱德给生命衰微的高更来信：“您在法国是一位具有传奇色彩的艺术家，一个伟大的人物创作出非凡的作品，一个生命正在逐渐消逝的伟人。您的敌人也都沉默了，怯于攻击您了。您在那遥远的地方享受伟大死亡对您的豁免吧！您在艺术史上已有了一席之地，后人会对您的艺术作出公正的评论。”

诚如蒙弗莱德所说，历史证明，高更的艺术在绘画史上占有重要地位。它给绘画带来新生，并为后继者奠定了基础和指引了方向。对现代艺术的发展和现代艺术观念的影响也是极其广泛深刻。并且还将随着艺术在未来的发展更加深刻起来，他作为一代大师是当之无愧的！

最终从某些方面看，高更的命运结局与他的外祖母非常相似，她虽和高更未见过面，但她对他的影响是一生的，前者将毕生精力献给了工人运动，后者则把他最后的力量都用在保卫岛上土著人的利益上。高更疾恶如仇，其义举惹恼了当局，他被判监禁，崎岖坎坷的命运仍没放弃对画家的最终追逐。

他虽被击倒，但没有被征服！

他大声喊道：

我是个野蛮人，文明人能体会到这一点。因为在我的作品中除了我的野蛮之外，他们不会感到任何的惊奇困惑，正因如此，它是无与伦比的。

世上有两种美，一种美来自人类天生的直觉，一种美来自后天的学问，两者相结合加上必要的修饰，就能产生一种伟大而又丰富的美感。

近来，一些艺术家在骚乱的人群中随俗沉浮，当独自一人时便会感到惶然而心生恐怖，这就是为什么不必每个人都去离群索居的原因。只有那

些有胆量，能经受住孤独的人才能做到。

1903年5月8日，在病榻中呻吟而仍离不开艺术的高更在他未完成的画前溘然长逝。

高更，这个今天令许多人仰慕不已的艺术家，他的一生是时刻准备着斗争的一生。他坚信自己是伟大的、绝无仅有的艺术家，因为只有他在一辈子品尝了苦酒之后，仍以超凡的忍受力为原始纯洁的艺术而擂鼓呐喊。一代大师走了，留下的只是孤独的墓碑，但他的艺术却在强烈震撼着几代人的心灵！

他是永生的绘画之神！

正如他所说，他是伟大的，也是绝无仅有的！

环 境

高更自幼便显现出他强烈的个性和艺术天才，尔后在他青年时开始习画，通过效仿借鉴别人的绘画技巧来选择他的艺术探索目标。

因此，我们说，高更在与别人相似之中产生了自我，他的艺术由此而与众不同！

是的，高更需要有目的地模仿某些大师的作品，这些大师作品中的某些因素在他的创作中起到了一种催化剂的作用。虽然柯罗和米罗勒不被重视，但他们的艺术却给高更带来对自然的热爱和表现手法的真诚，毕沙罗印象派的笔触，保尔·塞尚在自然面前的学问和画面严格布局的形式，普维·德·夏凡，单纯含义与强烈装饰风格的结合，乌塔马罗的版画和日本艺术，线条中的奥秘，他曾祖父秘鲁的血统，原始艺术不可抗拒的诱惑，都深深地影响着高更的精神、高更的艺术创作。

画家欧仁·卡里埃针对高更多样性的才能这样评价道："高更创作装饰性绘画，他的双手特别灵巧多变，富有创造力，除了绘画，他还会雕刻。”

高更自少时，便显现出他非同一般的雕刻才能。其外祖父是一位著名的雕刻家，他的一个叔叔也是一个雕刻家，可以说，高更自小便深受艺术熏陶，并且遗传因素也可见一斑。

他所创造出的那些雕塑和版画作品别具一格，不像其他人的风格。这种独创性早见于他 11 岁左右的最初作品，而后来这种独创性的艺术价值，在法国占有一个单独的位置。

早在 1873 年，年仅 25 岁的高更便向房东雕刻家布欧学习了雕塑，一尊他妻子的半身胸像，由高更初型，布欧修改完成的。接着他又做了孩子们的雕像。青年高更在雕塑方面显现了他非凡的天才。

后来，高更结识陶瓷匠萨普莱进行了大量陶瓷制品的小焙烧。这些陶瓷制品多少有些巴洛克风格。高更是自幼便十分喜欢陶瓷的，他的这些小创作满足这一嗜好！人们从中看到一种对绘画新风格的启示。

在法国进入 20 世纪最初的 25 年间，“纳比派”和“野兽派”画家应该对高更的这些雕塑和版画感恩戴德，因为他们在创作中遵循的原则几乎与高更是完全一致的。

高更除了天赋、周边事与人的影响外，更重要的是他一生的创作深受几位大师的影响。

德拉克洛瓦是其中一位。德拉克洛瓦曾说："在雕琢作品时，也在勾绘自己的灵魂，你的灵魂同样也在向你要求它的表达方式。"青年高更初学绘画时，便吸引了浪漫王子创作上其所需要的全部艺术，而且他也没忽略从其他方面学习长处，还早在他 17 岁出海时，他还曾仔细观察历史遗迹中的古老艺术，后来他又向土著人学习借鉴，正因有如此精神，他才敢于吸收别人的成功经验。

米勒作品对高更艺术创作的影响也是巨大的。高更经常从《拾穗者》一画的创作中获得某些启示，由此才有了布列塔尼质朴的素描。正因某些人物造型上处理得概括、单纯，才包含着它们的共同追求——画面主体部分的形态被表现得犹如雕塑般的美。可以说青年高更是站在老师毕沙罗的肩头上接近米勒的。

面对伟大的现实主义画家之一库尔贝的艺术，高更又是如何呢？

阿罗沙拥有许多库尔贝的作品，青年高更习画便吸取了他的风格，后来在那幅《女裸体》中，无疑是采用库尔贝笔下裸女的方法，而将女人体表现的壮健。

值得阿罗沙骄傲的是还有柯罗作品也在他的收藏之中，青年高更欣喜不已，同样他在他那里也学到了他所需要的东西。

那么印象派画家马奈和德加对高更的影响呢？我们知道这两位印象派绘画大师都是那场艺术革新运动中的主将，众所周知，高更的一些创作很有现代感，这些作品表现手法概括单纯，对比强烈。很接近马奈的画风，青年高更曾临摹马奈的《奥林匹亚》，今天已被一位收藏家收藏。

至于德加，我们知道他一直在热情地研究高更的艺术，并一直鼓励高更在生活中所做的各种冒险和选择，可以说，他对高更一直保留着一颗爱心，青年高更把德加看做兄长。人情世故上高更对德加是感恩戴德的，那么艺术上呢？用笔肯定有力又不失灵活性的外轮廓，严谨的造型，黑灰色的线条多么相似，至少是一种精神上的相似，我们已感觉到他们是那种在艺术上属于同一时代、民族的伟大画家。

我们前面早就谈到毕沙罗，高更的启蒙老师和挚友。青年高更的创作秉承了毕沙罗的主要风格，但同时又显示了他自己的一些个性，正是用色的自由性和富有创新意味，内在不循习俗的追求，才将高更与印象派画家区分开来。

虽然，有很多共同情趣使高更愿意接近塞尚，但塞尚不喜欢高更，也不喜欢高更的绘画，而高更却一直是塞尚艺术的崇拜者："他使用的色彩具有东方艺术的特征，我要做个塞尚。"由此可见，高更在塞尚的影响下同印象派画了句号，并达到自己的艺术目的。

在所有外来艺术中，日本艺术对他影响最大。他吸取了日本绘画中那些蜿蜒曲折起伏典雅的线条为表现语言，使其超越了简单的装饰倾向；而大洋洲的艺术，早在高更儿童时代，秘鲁艺术即对他有着深刻影响，尤其表现在雕塑和木刻上。

高更具有欣赏研究其他人创作的浓厚兴趣。尤其是青年高更，当他被某一件作品深深感动时，便临摹下来，从中吸取一些有用的启示和帮助，他成为同时代画家中借鉴最多的人。

他的目光注视着那个时代所创造出的所有作品，古代的、近代的，日本艺术、塔希提土著人艺术等等，都在不同程度不同方面影响着高更，但却丝毫也没有影响到他的独创性。他将这些作品进行比较研究，从中总结经验，都是为他造出一个新的自我。青年高更就犹如蜜蜂采蜜，在这里也采，在那里也采，最终酿成了甘甜的蜂蜜。蜂蜜既不是百里香，也不是牡丹红。

是的，高更这位伟大的天才画家在他的一生中对艺术的革新与发展作出了非凡的贡献，虽说他的学识与成就中有许多借鉴或模仿之处，但这并没什么，正像所有伟大的创造者一样，高更并非是一位没有模仿过别人的人，而是个虽模仿过别人，而别人却无法对他模仿的天才画家。

艺垂千秋

题记：我知道，我是一个伟大的艺术家

——保罗·高更

当一个人功成名就的时候，世人往往喜欢把他的名气与命还紧紧联系起来，似乎包含着一种天才必然成功的宿命思想。

回顾历史，今天在我们看来这个被称做高更的人所度过的富有传奇浪漫色彩的一生似乎都很好解释，并非无常。难道他的生活与生俱来命中注定吗？他的名字必然与艺术密不可分吗？其实，在他所创作的任何一幅杰作中，都包含着一种长期以来生活中所遭受的苦难与煎熬。

今天，一个带有高更签名的艺术品会给博物馆带来无比的殊荣，会给百科全书增添光辉，会给投机商带来大笔财富，它也将满足那些生活富有的业余艺术收藏家们的虚荣心。然而更为重要的是，它能够激起欣赏者们发自内心的真实情感。人们的精神会在他作品“宁静、纯洁、原始”的情境中，走入一个自由自在、晶莹剔透的境界中去。

这就是保罗·高更先生的艺术。他是当之无愧的新时代开创者，他开创了绘画的新纪元。

现在让我们共同浏览他伟大一生的艺术成就吧。

首先谈谈高更与象征主义的问题。

高更曾经说过一句很精彩的话，清楚地概括了他绘画的本质：“印象派和自然主义的绘画是眼睛看到的东西，而不是心灵深处神秘的东西。”

阿尔贝·奥里埃把高更视做一个创立在作品中表达思想观点的画家。现在我们分析一下高更艺术的精神内容，他的象征主义的特征和意义。

众所周知，艺术作品既是抽象的又是具体的。高更同印象派画家的差别就在于与现实相关的抽象在他的创作中所起到的那种巨大作用。正如我们所见到的，这不仅是高更一人所具有的特点，在塞尚的作品中我们也可看见，但高更有所不同的是他的抽象特点，即他的纯色，他的综合方法。他在阿旺桥的创作，使他被马拉美等人尊为“象征主义的创始人”。

象征主义艺术是一种借助抽象符号来表现自我的艺

术，它不需保持古典主义艺术所固有的传统规则。高更的作用是使这种艺术在萌芽状态中由他而培育出了幼苗。

高更的装饰性线条和纯色中象征着什么样的内容呢？“聚集的情感”是可以用象征表现的。高更在塔希提时，曾多次为自己提出“在一些以大地的巨响为主角的构图上，让人类生活和动植物生活共鸣”的主题，可见，高更在象征主义后来走向神秘主义时，依旧高举着自己独创个性风格艺术的旗帜。他异常果断地越过危险的边缘，并给这一艺术注入了生命。

高更的伟大在于，只有他能够这样在危险的艺术边缘，将自己的独特艺术不断繁荣。并成为当时“象征主义画家”们之间的中坚分子。

其次我们谈谈高更与现代艺术的问题。

高更一生的艺术创作过程犹如一幕喜剧，既表演给别人看，又留给自己欣赏，他的艺术创作深受别人影响，同时反过来也强烈地影响着生活在他周围的当代画家，尤其是对后来晚辈们的深远影响，完全是当时的评论家们始料不及的，甚至难以置信。没有谁能更明确地说出高更对现代艺术的影响究竟有多深！

高更的作品表现了一种人类生活中存在的艰难、曲折及朴素宁静的大自然景色。在他艺术创作中，他卓越的天赋得以施展，横溢的才华始终如一地贯穿在他整个一生的创作中。那种非凡超常的持之以恒的毅力，耳目一新的表现技巧，不向命运屈服的个性，都足以证明他是位罕见的天才。

高更的作品首先是对德尼，维亚尔、博亚尔等（19世纪末新法兰西思想运动中成员）的影响，他们似乎将高更推向比塞尚更高的位置上。高更1890年至1895年间的小幅绘画非常吸引他们，他们将作品心甘情愿地摆在这位新艺术倡导者、无可争议的大师作品周围，他们从高更的创作中看到了一种生动的富有表现力的新艺术语言；画面构图的某些地方具有一种抒情诗式的表达方式。

高更的艺术在年轻人的思想中释放着迷人的光辉，他使他们从传统中解脱出来，激励他们按自己的意愿去创造一种大胆明快的新风格来。

斯特兰贝格说："高更在艺术上创造了另外一种天空，另外一片大地。"

夏尔·莫里斯是始终不渝拥护高更艺术的评论家之一。他明确指出："高更属于最受欢迎的艺术家之列……而在所有的画家中，最立誓发愿狂热拥护高更那些创作理论的是马蒂斯。”马蒂斯是“野兽派画家”的先驱者，是位天才的善于大胆运用色彩的画家。他认为意志坚定的高更比悲怆哀婉的梵高更令人钦佩。马蒂斯继承了高更的某些遗愿，被阿拉伯式装饰图案所深深吸引，并为此甘愿献出自己的一切。

许多画家如同马蒂斯一样，重新理解新的绘画技巧，从高更的艺术创作中吸取营养。可以说，没有高更的首创，如今那些使人感到惊奇的各种艺术表现形式早就终止了！

因此，许多人都一致认为，高更同梵高一样象征着一种思想观念的解放，是现代艺术革命中毋庸置疑的先驱者。

“朴素”一词，对于高更和他的朋友们来说是如此的珍贵。这是个具有特殊意义的词。

> 我喜欢布列塔尼。当我的木鞋一踏上这块布满花岗岩的土地上，就听到了我要在绘画中所追求的那种沉浊有力的声音……（高更）

是的，“真正的纯朴”是只有一些真正的艺术家才能够最好地感觉到的，在他们的创作中是那种与生俱来的敏感在起作用。他们完全是在不自觉下创造了“纯朴”，而并非人为刻意地安排。

纵观历史，必须回过头去，从古埃及或古希腊的艺术中寻找典范。高更在 1890 年遵循的创作原则完全是正确的。“如果确实知道了某些东西，就认为自己可以经常停止思考，那将是更有害的，无论是在生活中，还是在一个人的艺术创作上”。由于高更的“不断思考”其创作观念对现代艺术发展起着一个决定性的影响。

19 世纪中叶，经过拉斐尔前派以后，经过高更的斡旋，人们又建立了对“朴素”的崇拜，这种崇拜很快成了对偶像的狂热崇拜。偶像也由此变成了简单的名字。由高更那里的“土著人”而延伸到“野兽派”那里的黑人和“立体派”那里的美洲印第安人。由此马蒂斯和毕加索的艺术从各方面来看，都可视做是高更的继承者，由此高更创新的艺术观念影响下延至 20 世纪有风行一时的“野兽派”和“立体派”。

1888 年至 1891 年左右，环绕在高更周围转的所有画家也从各自的角度影响和推动了高更对于创作的思索。此时对异国情调和原始文明的向往在阿旺桥派画家们的创作中已形成风气，这种题材对他们来说充满了诱惑力。他们崇拜高更，赞美高更，随着高更新观念的传播，使人们更加理解了反映在他创作中特殊的艺术魅力。

19 世纪的最后 15 年是艺术创作的丰盛年代。高更不是唯一影响下一代艺术发展的人，还有塞尚、修拉莫奈等画家，但在年青一代人的眼中，最受欢迎的还是高更。马蒂斯最终离开高更的影响后，经过努力达到了自己事业的顶峰，而毕加索则从高更那里得到启示，从非洲和大洋洲的人物头像中找到感受，完成了那幅《阿维尼翁的少女》，开创了“立体派”的先河。他们在表现语言上，重新发现了一些单纯简化的线条和一种优美雅致的变形。标志着与自文艺复兴以来的习惯准则的决裂。

此外，在 19 世纪的一些作品中，画家和雕刻家纷纷受高更新思想的影响，极力反对那些职业版画家过分用心修饰，精雕细刻的风格倾向，尤其是那些铜版画或宝石上的雕饰，毕加索·德兰在创作上以高更为榜样，用刻刀在粗糙的木头上自由而无拘束地雕琢，具有一种坦率、真诚、刚健有力的粗犷风格，他们是一批才华横溢、给艺术带来光明的创新者。

在 1914 年前后，安德烈·洛特和吉里埃的作品曾风行一时，众所周知，其原因在于他们的创作中构图方法和色彩组织都反映出了高更风格。

在此我们提及一下高更那些给人们留下了深刻印象的雕像和严峻痛苦风格的木刻，对20世纪雕刻的影响。

如果说这些作品的风格完全服从新时代迫切需要所产生的新的创作原则，那是无可争议的。它们对多数艺术家从官方规定的艺术模式中或者从罗丹作品因袭者苍白暗淡中解放出来作出了重大贡献并散发着艺术诱惑力。

在马萨斯群岛高更的住地，矗立在那里的近百件雕塑作品显示了巨大的感召力。正是由于艺术家蓬勃旺盛的创造力，才产生出了这些形式古怪奇特的一幅铜版画《马拉美肖像》、石版画《死者的灵魂注视着》和11幅锌版画等等作品。

高更的雕塑和木刻艺术同他伟大的绘画一样，给我们今天的艺术创作带来了生机。无论是马约尔还是布德尔（尤其是前者的挂毯艺术会使人想起高更式的具有单纯勾勒的装饰风格）都不应该忘记高更的雕刻《爱吧！你会得到幸福的》。

简而言之，通过回顾这些近代法国艺术发展史中所选择列举出的一些深受高更风范影响的典范作品及人物——

它们曾一度对 20 世纪的艺术发展史产生过巨大的推动作用。事实证明，其影响和作用要更加多于雷诺阿和德加的艺术——同样令人振奋，具有革新风格的艺术。人们对塞尚的艺术也做出同样的评价是名副其实的，但他却是一位远不能与高更相提并论的大师。（克洛德·罗歇一马克斯）

高更是一位艺术创作中善于思考的一流画家，他既有伟大之处，也有渺小之处，他的伟大之处在于，他在现代艺术创作中以一种崭新的姿态出现，同那些大胆革新的创造者一样，阐明了绘画发展的历史方向。他的弱点是，因为他在建立自己的艺术风格时，如同手持着一把防御的斧头，许多时候在他身上所体现的是随心所欲的清醒意识，并非都是属于那种创造者应有的激动。

许多艺术家们只是被动地接受他们所处那个时代为他们所提供的创作方法，局限于看得见的物体描绘，同时加上画家自己的某些个性特点，能否在被接纳的准则中创新是一个艺术家与另外的艺术家们的本质区别。

与其说高更属于 19 世纪，不如说高更更属于 20 世纪，就这一点，事实已有证明。

昔日“什么是艺术”的问题，作为那些艺术家们并没有提出，是高更重新真正面对了“艺术含义”问题，并且使那么多艺术家们能够亲身参加到这种研究中来。

当高更自青年起，画第一幅风格粗犷的风景画起，当他踏着磨难的节拍走上艺术之路，当他高举着旗帜努力使自己成为创造者时，德拉克洛瓦的艺术给他带来了最迫切、最新颖、最富有内涵的启示。高更正是继承并发扬发展了这种艺术，他的思想处于伟大的浪漫主义真实的发展中，这些艺术对高更的影响，以及他对这些作品的模仿是个前提，在此基础上，高更与生俱来的才华，才使我们时代的艺术敢于朝着出人意料的方向转变和发展。

高更的创作不再接受那种再现自然，对自然变化充满敏感反应，使自然理想化的艺术，并和这种艺术分道扬镳，实现了现实主义的高度提炼和视觉感受的巧妙结合。

令人钦佩的是高更一下子确定了现代艺术开始发展的三个方向。

首先，在于研究艺术本身的含义。在高更的绘画作品中，人们能够看到只属于他的表现方法。对于绘画，在构图中所体现的一切，线条色彩的组织方法和布置，并将它们首次归并出现在一个平面上，这种造型方法也是后来立体派所追求的。

其次，高更的创作中，特别引人注目的是他的艺术语言表达的能力。而这种有力度的表现力是从德拉克洛瓦那里所学的，它不仅仅只是靠构思就可以达到的，而是一种暗示性的语言和习惯的视觉形象以及简练概括的表现方式来引起人们的感动和激动。这种富有表现主义的风格，后来属于野兽主义与表现主义派系。

最后，崭新的高更绘画语言的确立。高更独特艺术的诞生使理性的构思和语言不由自主地找到了一种能够表达自身的可能性。感情在此也找到了一种无意识的、直接宣泄的方式。

在这种新出现的艺术中，理智冷静的计算是不起支配作用的，高更在塔希提岛的生活，使他处于“极端感情交融的深沉之中”，处于他独特艺术所放出的光辉之中，他的全部思想好似一座火山爆发的熔岩一样奔涌而出，有谁知道一幅作品是从何时开始的呢？可能是他意识不到的情况下就已开始了。

这种深层思想的流露完全是自然的、清晰的、合乎逻辑的、不受任何限制的。它导致产生了超现实主义，看来高更早已感悟到了这一切。

这就是我们所谈的——伟大的高更与现代艺术的问

题。它在事实上告诉我们，高更的创新艺术，今天以至未来在艺坛上有多么广泛而深远的影响。

从事革新艺术的画家不被理解，人们还把从事现代艺术创作的画家视为尽干荒唐事的精神错乱者。正好当时那个时代的评价“疯子”——文森特·梵高，“野蛮人”——保罗·高更。但是，正由于此，他们在今天才被许多人仰慕，而高更也真正是开辟了新的艺术道路，是新时代的开创者。

> 您是知道的，直到目前为止，在我的生命中始终充满了矛盾斗争，我尝够了那些极度的，几乎是人类难以抗拒的痛苦。（保罗·高更）

是的，正如高更所说，他一直是个高傲的勇敢的“苦行僧”式的艺术探索者，他否定了一切平庸的教育，将全部精力投入到未曾接触过领域的探索中去。这是一种产生在“原始尚未被现代文明污染的生活”之中的艺术。

时至今日也难以说明究竟是一种什么样的力量来驱使他历经千辛万苦地来进行艺术创作。终于奉献给人类一批流芳百世的优秀美术作品。是天生的才能与智慧？还是后天的努力和勤奋？如果说在他生命的最后几年，他未能勇敢决然地断绝自己与周围生活的一切关系，抛弃了他的巴黎艺坛成功的梦想，以一种令人不可思议的强烈个性和魄力，毅然离开对他来说所熟悉的欧洲生活，孤零零地飘向了他理想中的天堂——塔希提岛。那么他也绝不会拥有今天这样大的荣誉。他的果断抉择最终使他在精神与肉体的严峻考验中，艺术上日趋成熟，完善了自己艺术的个性特征，最终产生了高更风范。

其实，一位真正伟大的艺术家的诞生不是偶然的、凭空的。天才在事业方面脱颖而出的表现常常是出人意料的，往往一鸣惊人。他们非凡的表现往往违反一般的逻辑规律，也不像某些预言那样，他们的所作所为也表现得与一般人不同。事实上他们本身具有许多特殊的天赋。

高更就是这样，他也曾像许多人一样按照常规办事，进行艺术创作，如高更早在 1871 年开始习画时，每天进行学习一样。但后来他们之所以卓然而起，是因为他有敏感的思维、灵巧的双手，在兼收并蓄了别人的长处之后，又发现和创造了一些新的、符合“时代审美嗜好”的，具有独特个人风格的新内容。

高更确信自己了解生命的价值与自我。所以他把绘画看得高于一切。当他活在世上的时候，就不遗余力地为实现生命的价值而奋争着，直至生命的最终时刻，他仍执著地完成着肩负的使命。

面对沉寂优美的大自然，他似乎已感到了一种来自上苍的启示，并深知自己是位非同寻常的艺术家。

“我知道，我是个伟大的艺术家”。高更似乎已深知，19世纪的艺术发展史需要他去继往开来，变革求新。时代和艺术的发展将这一庄严的历史使命落在了他的肩上，对此他坚定不移。他当之无愧地完成了这一使命，走出了一条自己的艺术之路。

当高更及时地脱离了印象派走向极端绝路时，他便通过思索建立了自己的艺术创作基础。

“真实的客体从未使人感到满意，而画家凭着灵魂中的许多感觉赋予它们一个外形和生命……这才是精神的开端，这才是精神的真实，而非外形上的真实。”高更的思想完全是新思维的开端。

高更由衷地赞叹德拉克洛瓦的艺术思想，他高兴地想象到：如果德拉克洛瓦这位浪漫主义大师晚些年来到这世界上，用他大胆敢干的性格，为事业而斗争的精神，成功的命运特别是他的天才，同高更一起着手从事艺术的革新探索，今天的艺坛将会发生怎样的新的局面啊。

德拉克洛瓦曾说：“必须观察你的自身，而不是你的周围。”经高更的不断实践与思考，一种不再模仿自然外形的绘画萌芽已经形成，人们很快发现，这种更新便是现代艺术的诞生。

在这种新的创作方向中包含着一种严重的危险，它不可避免地导致了象征主义的应运而生，高更的伟大和力量在于他使自己有效地防止了迷失在“文学贫瘠的沙漠中”，从而进入20世纪，并使其发展得更加丰富。

高更具有敏感自信的天性是毫无疑问的，但他从没有将思想性与形式感二者分开。尽管他的绘画包含了深刻的含义，但从未流于文学化的倾向，他从没有丧失掉在绘画中两个方面的兼顾。即作品既有思想性，又有强烈艺术表现力的造型。这正是艺术创作所必需的，并且为实现这一目的，他运用了综合的技巧。由此，他的作品完成后具有两种功能。一种是通过画面处理的和谐效果来取悦于人的视觉，同时又以它内容蕴含的深刻来震撼人的灵魂。

高更的艺术好像包含了对未来发展的全部探索，他的那些作品使人感到置身于远离习惯的现实中，一方面在画中反映出了对于造型结构的探索，对色彩、对线条和形式感完美安排的研究；另一方面他同样是那些难以理解的、灵魂深处激动情感的展现。

高更曾向现代艺术家们建议，在刚入门的时候就要培养自己一种高度概括的能力，创作素材经过画家的概括得以发展为艺术语言。

高更的作品对我们今天的艺术创作仍然有着高度的教育意义。他以自己独特的经历和非凡的才能，其影响将延续更远，今天不会终止，明天也不会终止。因为实际上现代艺术在求教、借鉴高更艺术的同时，似乎还不能说已充分地利用了高更留给后代的全部遗产。

它使我们想到一幅油画应该永远具备的几个方面：画面的形象必须是可辨认的，画面的表现语言必须是和谐的，而不是用图形表现的。总之，不论是怎样的方法，道路已确定，那就是在画面中绝不能表现枯燥无味的构思，不能失去表现人类的内容。

在艺术探索的大胆革新中，人们之所以能够清理出一种真实的有价值思想，无疑地那是由于19世纪末以来由高更自觉意识的不断萌芽而产生的，可是高更为了寻找到自己准确的、合理的、富有艺术性的表现手法，曾走过了数十年的极其艰辛道路，尔后他才清晰地看到了发挥自己天赋的前进之路。

高更在创作油画中，贝尔纳给了高更一些帮助，但高更更致力于技巧方面的深刻变革，而贝尔纳则停留在表面和肤浅的认识中，以至于在他探索即将成功时，又茫然地回到以往他所理解的正统的表现方法中去了。而对于高更来说，他已清醒地感觉到一种新的绘画观念已悄然形成。

当与贝尔纳第二次在阿旺桥相遇时，高更为与以前的绘画彻底决裂带来契机和冲动，高更于是才敢抛弃了以往在创作中琐碎的笔触，开始在表现中使用强烈而有力的平涂色调，从此“综合主义”开始诞生。这种流派的表现语言大多来自贝尔纳的首创，当然他只差一步就会拥有成功的结果和美好的未来，然而这一切却被焦急的高更在他天才的帮助下，一直静止地沉浸在他思想中的财富——在内心的注视下，他创立了非凡的画面而捷足先登了，他首先掌握并十分自如地运用了这种风格。

对于高更来说，他的思想激励他走得更远。应该还有第二次撞击以帮助这种创作激情。在法国南部小城阿尔，蕴藏在高更自身的潜在力量被梵高唤发而出。梵高的火星掉在高更等待已久的炸药上，引起了艺术观念的大爆炸，使艺术从此更加强烈地表现了生命的含义与启示。

在梵高与高更的艺术中都富有极大的表现力，他们同属于表现主义画家的范畴，正像人们所评论的那样，在他们的作品中有共同的特征，就是把极度强烈的精神真实性，通过创作可感知、可理解的画面表现出来。然而他们明确的区别在于，梵高更逼近于“野兽派”，他的创作是通过他视觉的迫切需要和突发式的性格完成的，而高更的作品则更接近于象征主义流派。在他后期成熟的创作中，却反映出了一种令人感到惊讶的卓越的感受力，他能够理解和洞察那些隐藏在事物内部、未能表现出来的内在本质，能够感觉到其中弥漫着的那种朦胧模糊的吸引力。这种天赋的敏感性是常人难以企及的，他赋予了自己创作以来前所未有的表现语言，然而正是从前人的艺术中汲取了这些力量，才构成他艺术生命的蓬勃之力。

高更如同一位重新使自己焕发的开拓者，寻找着人类精神境界中未被开垦的处女地。并在这块未开垦的处女地上不停顿地向前发展着，而那些被他开发过的纯净土地在他身后汇集着……那就是他之所以成功的全部财富。

高更的青少年时期对高更一生的伟大成就究竟起着怎样的作用呢？又对他究竟产生怎样的影响呢？

或许是高更在利玛度过了童年时期，曾认真地观察过家中那些摆设以及家具上的陶瓷制品的造型形式（幼时的他感悟力是极强的，且有过目不忘之能力），而这些又经常出现在高更的构图中。这种童年的深刻记忆向我们表明，高更在创作中顽强努力所追求的，正是他这一时期在天堂乐园中生活的某种深刻的精神感受。

在布列塔尼这块朝向茫茫大洋展开的西方土地的顶点上，居住在那些生活在花岗岩上的“野蛮”的土著人中间，他的精神重新回归到儿时的故土，他可以自由地画，而任由精神四处蔓延……他离开阿旺桥再去更偏远的普尔迪，在那里过着离群索居的生活……他依旧在寻找儿时的那种“自在美好的精神”。

虽然文明生活距离他越来越遥远，但并没有从他的视觉中消失。一个人的天性并非全部来自于周围接触的环境对他的影响，有些方面是与生俱来的，是他家族遗传的基因带给他的。这种天性一直在他的心中骚动着。高更身上流淌着没有消退的印加人血液，甚至他的外貌也有印加人的特征，他的母亲曾远离欧洲，并带着这个未来的画家在具有浓郁异国情调的利玛度过了最初的童年生活。

在 4 岁至 7 岁之间，一些事物留给人的印象是牢记不忘的。以后它会在生活中重新唤醒一个人的天性，甚至还会支配我们一生的命运。这一点在高更身上得以证实。正是这段生活经历，对他一生的选择及追求是至关重要的！高更是那种自幼时起就让精神自在漫游的人，没有什么事可以征服他，他却可以去征服一切。这就是他的品格，回忆重新激起了他自身的遗传天性，由此他渴望，首先是渴望，从不气馁！

同样，对远方天空的回忆永远沉淀在高更的头脑中。他曾回忆说："那里的天空从不下雨。"异国乐土的迷人情调和风俗民情使他痴迷向往，高更一生都在寻找一种由青少年时而积淀下来的不自觉的微妙意识。而这种意识也与他不断地交谈，使用的是他自儿时起就曾与他相会过的，或者通过先辈那里得知的一些未开化偶像的语言表达出来。这些偶像使他铭心刻骨，经久不忘，始终伴随着他的精神生活。

为响应那些偶像的呼唤和命令，高更经过了一段从未停止过探索的时期。他在十六七岁时就已成长为一名浪迹天涯的水手，他重返遥远的美洲各国去寻找童年的梦境。里约热内卢以后是布列塔尼半岛，然后是1887年他的巴拿马之行，终点结束在马提尼克岛，但他还需要去更远的地方，他还需去太平洋寻找心中的艺术，到那些几乎被现代文明社会所遗忘的大洋洲岛屿上土著人创造的艺术中去寻找，所以 1891 年他又出发去了塔希提岛，住在土著人之中。从 1893 年 8 月至 1895 年 2 月，他在法国渡过了最后一段艰辛凄凉的日子以后，便永远地离开了他所深恶痛绝的欧洲来到大洋洲上的塔希提岛，与土著人密切地结合在一起，直到逝世。当我们纵观他坎坷不平的、自我放逐的流浪路线时，我们不由得想起他外祖母与他一样的痛苦经历。但是他们也一样是了不起的追求者。

高更认为他是在塔希提岛找到了他要在艺术中所要表现的东西。他不遗余力地去寻找我们人类祖先遗传下来的，至今仅在很少的土著人中保留下来的伟大纯洁、原始的感情，这种朴素感情已距离我们的现代文明越来越遥远了。他像个虔诚的朝拜者，在这种伟大感情之源尚未完全干涸和改变方向之前，终于拜谒到它的源头。而这一切都来自于他童年时代的记忆。

在这些顽强、全部原始的土地上，还有一些对于我们这个时代艺术发展具有启发意义的榜样。当高更在那里开始着手进行探索后，由于他的渴望不断发展，并越发强烈，促使他开始向尚未被开垦的原始人类地区发展，因为那里的原始艺术、黑人艺术、本地人艺术、疯狂的艺术，总之，种种随心所欲的艺术比比皆是。

高更不顾一切地拼命在未发现出来的人类本性深处进行着探索。他在写给友人的信中说：“我作品的首要部分已取得了一些结果，今天你可以放心大胆地去探索了。”可以说高更不但给现代艺术的发展带来了重要的推动力，而且还首先打开一扇大门，使人们看到了向前发展的通道。

当然，正如我们刚才所提到的那样，高更的艺术也有不足之处。即他并没有全面地表现塔希提岛民的全部生活，他只是一任幻想在土著人生活中的美丽展现。尽管残酷的现实也常使他感到梦幻破灭，但当他面对塔希提岛上未失去原始风貌的大自然风光时，面对那些皮肤黝黑、体格健壮，心地善良的土著人时，他就觉得这正是他所需要的，他要以身心归复“野蛮”、“原始”，用谜一样梦幻的语言去描绘它。而不使其沾染上文明人的冷酷和铜臭气。因此这个身心俱碎、渴求一死的流浪汉的画面上才有那么多充满生命之力的人物形象，才有那么绮丽迷人的热带风光。可是岛上居民的生活与高更梦幻中的相距甚远。他清醒地认识到这点并为保护当地土著人的利益同当局斗争过，甚至被判 3 个月监禁。但我们从没看到在高更的画面上有表现土著人生活阴暗的一面，他们所受到殖民者的欺凌压榨，那掩盖在土著民族如古老传说的神秘生活面貌下的悲剧性。高更只任自己的意识美丽地宣泄，而从未在他画面上见到如此情景。

或许他的画笔有意避开了那些丑恶的东西，在他那充满了阳光与节日色彩的画面上，在那些岛民安宁、笃诚的面孔上，在塔希提妇女那高贵美艳、自然端庄的身体上，有的只是和平、和谐与诱人的神秘之美。而画家他自己的悲惨境遇，那些愤怒与痛苦却很少在画面上留下痕迹。他所追求的、所渴望表现的，不仅是生活中真实有的东西，还有生活中应该有的东西，和他所希望有的一切真、善、美的东西。

正像马蒂斯献给悲惨世界的礼物是欢乐，高更献给人们的则是人类生活所原本应该拥有的“朴素”、“纯洁”、“原始”和“健美”，这里所谓的“原始”和“野蛮”的味道，并非一种对“理性”与“文明”的背叛，而是对那些虚伪的“文明”与“理性”的深恶痛绝，画家天真地认为在“原始”和“野蛮”中能够找到一点真正的美，尽管如此，高更艺术仍然是人类艺术宝库中一份可贵的财富，一份纯洁的美好的礼物。它激励人们顽强不息地去寻找一切美的、真的、善的东西，直到生命停止了呼吸——伟大的保罗·高更。

伟大的画家高更去了，随同他消失的是那些对外形真实不懈地追求。（13 世纪以来，西方的艺术中从来也不曾舍弃过对自然外形的如实描绘）我们不知道这位致力于艺术更新、具有勃勃雄心的高更是否可以和他同时代的那些伟大人物相提并论，但正如勒内·于伊格所说："他以自身中那种果断大胆的性格对艺术发展进行了兴奋狂热的追求，从他向所崇拜的大师学习开始到最终冲破时代的局限，创造出一种'艺术新风格'的历程，他为继他身后而起的现代艺术探索者们树立了一种典范。"

是的，正如人们所评论的那样，高更为后代人留下的是一种对彻底地"表现艺术"的渴望与追求，并在我们的现代生活中，创造出了一种新时代的艺术语言和外貌。

这就是我们今天许多人为之崇敬的——伟大的艺术大师——保罗·高更先生。

亲爱的朋友，在人类文明漫长的发展中，举世瞩目的艺术大师——保罗·高更曾以他卓越的才华和震撼人心的杰作为我们的世间带来了美，也为我们的精神世界带来了不息的光辉。

达·芬奇说得好："越了解就越爱。"当我们驻步于高更那苦难多舛的人生道路时，当我们仔细倾听高更那自我放逐的高亢悲歌时，当我们看到高更——这位在精神世界中远远超越于时代一般人的艺术大师，在他远离欧洲文明污染的土地上孤独死去的时候，亲爱的朋友，你有没有想到，在这位生前最渴望得到爱和理解的大师面前，今天，您是否可以弥补大师这一悲剧性的遗憾呢？

ZHONGWAIMINGRENDEQINGSHAONIANSHIDAICONGSHU

列宾

灵感不过是“顽强地劳动而获得的奖赏”。

灵感是个不喜欢拜访懒汉的客人。

——列宾

童年幻想

1844 年 7 月 24 日，伊利亚·叶菲莫维奇·列宾出生于乌克兰的楚古耶夫镇一个卑微的军屯户家庭。在奥西诺夫卡村加尔梅克街上，由祖母管家，开了一个小客店，生活还算过得去。

当时，在俄国的农奴制度中，生活在社会的最下层的是军屯户和农奴。军屯区内的农民，被宣布为终身军人，他们的家庭必须服从严格的军事制度。年幼的列宾目睹了军屯区长官怎样把士兵剥光衣服，用长鞭打得血肉横飞的情形，这在他幼小的心灵上留下了难以磨灭的烙印。军屯户虽遭受着肆意蹂躏，但都有着一副傲骨，无论走到哪里都自信地称自己是楚古耶夫人。

父亲和叔叔做贩马生意，每年从 300 公里以外的地方买马回来。母亲是位善良贤惠的家庭妇女，每逢节日都携带馅饼和面包到监狱和医院探望不幸的犯人和士兵。夜幕降临的时候,母亲经常给家人朗读圣经故事。她的声音清晰、悦耳，每当遇到不好懂的词语便耐心解释，这就是列宾受到的最早的家庭教育。

在父亲去远方的基辅服兵役期间，小列宾只见过他一面，父亲穿着灰色的士兵大衣，满面愁容，一副孤独的样子。家里越来越穷，撒上几粒灰色粗盐的黑面包成了不可多得的佳肴。母亲时常背着家人暗自落泪，靠替人家做针线活贴补家用。贫寒的家境，艰辛的生活，塑造了小列宾顽强的性格和锲而不舍的精神。

由于家里开了一个小客店，父亲做过贩马的生意，列宾从小就对马产生了浓厚的兴趣。每当看见马他就仔细观察，并琢磨着要把它表现出来。他 7 岁时，开始尝试用细木条、小板凳和碎布片来扎一个玩具马。他干得很投入，扎出了马的基本形状，又扎了三条腿。可不久，他和姐姐乌斯嘉、弟弟伊凡患上了寒热病，冷起来时躺在妈妈为别人缝制的兔皮大衣里还是瑟瑟发抖。他不得不停止他的创作。一天清晨，列宾感到轻松了一些，就开始动手完成玩具马，他支撑着虚弱的身子，完成了第四条腿和能转动的马头。列宾又从地板上捡起毛皮作成耳朵和鬣鬃，用几绺真马尾毛作成尾巴。他的马个头很大，可以骑到背上，但要小心，否则就要散架了。列宾用日常生活中随处可见的材料，做出了他的第一件雕塑作品，他心目中的“神驹”。

正如列宾后来在《童年回忆》中写到的："这是种子，是一切开端的开端。"可是用什么材料才能做得和真马一模一样呢？别人说用蜡做便行，于是，他跟母亲要了平日用来擦线的蜡块。蜡做的小马头多像啊！眼睛、耳朵、鼻孔，都能拿细尖的小棍镂刻。现在得把马儿藏起来，以防别人弄坏它，蜡可是柔软的东西啊。

两个邻居姑娘对列宾捏的马头惊叹不已，不太相信是他捏的。

帕什卡却是有脑子的姑娘，总聚精会神地瞅着他捏。现在问题出现了，马腿怎么也站不久，一会便弯下去，折断了。帕什卡带给列宾铁丝一般粗细的玻璃管，让他衬到小马腿里面。果然灵！从这以后，列宾常向大人们要剩的蜡头。他已经捏出了两匹完整的小马。

乌斯嘉姐姐这时开始拿纸剪奶牛和猪。列宾因为喜欢马，所以他选择的当然是马了，剪好以后把它贴在窗子上。

每逢节日，小男孩们，还有过路的大人，都在他家窗前停下来，在他们剪的动物前端详半天。

列宾练成三下两下便能剪好的本领。从后蹄开始，剪出整匹马来，再用一块小纸剪出松软浓密的尾巴和鬣鬃，安到马身上。乌斯嘉剪纸人最成功：男女小孩，穿皮袄女人。人们常到他们窗前驻足观看。不管谁走过，即便走在街对面，也要来到他们窗前瞧瞧，看看邻居们围在这儿笑声不绝，指指点点。姐弟俩哈哈大笑，干劲儿更大了，不断拿出新的剪纸贴上。

乌斯嘉现在无论剪牛、猪、鸡、鸭，还有雄吐绶鸡，都能惟妙惟肖。他们的观众特别欣赏她的雄吐绶鸡，它鼻下吊着让人一眼就能识别的大袋子。列宾并不羡慕，他剪出了一匹又一匹动态各异的马，他爱马爱到了如醉如痴的程度。

这就是列宾艺术生活平凡的开始。这种活动不仅具有群众性，甚至还是儿童式的群众性。村里人把他家窗前的泥土踩得结结实实，上面铺满了密密的瓜子皮。

圣诞节时候，列宾的表哥特罗菲姆到他家来过假期。他的父母都已去世，他在列宾的教父、“军官老爷”裁缝卡西杨诺夫的店铺里学徒。

特罗菲姆随身带来一些描写童话的图画。列宾对他的高明技法不胜惊讶。每幅画的下角，他都仔仔细细签上自己的姓名。他长一个大脑袋，短头发。他知道许多故事，讲得精彩极了。孩子们舍不得离开，听他讲：“夹铁的钳子和炉后的火星”，“绿鬼”，特别是沙皇萨莫苏德为争执不下的猎人和退伍士兵判案的故事。一个说：“歌谣是真事，故事是谎言。”另一个却坚持：“故事是真事，歌谣是谎言。”猎人和士兵争执不休，一直争吵到沙皇萨莫苏德的宫前。沙皇萨莫苏德叫他们分坐在左右两旁，长篇大论地向他们晓谕，谁是谁非。

特罗菲姆还当着他们的面忽然画起波尔康，一下一下，不是点便是短线。过后把自己画好的波尔康小心地折成四叠，藏在帽子里面，他画的每张都一样，他们觉得连特罗菲姆本人也和波尔康一样了。特别是他的宽大脑门，深陷在脑门下的小黑眼珠，和那像毛刷一样罩在他圆脑袋上的短发，都跟他画的波尔康没有两样，每张画上的波尔康都握着圆锥。一天，特罗菲姆带来一个用好几层纸包着的扁平小盒，从里面取出颜料和毛笔。在镇里，和他们店铺来往的各种各样的人都有，药剂师带来颜料和毛笔。药房里会制作颜料。特罗菲姆知道各种颜料的名称：黄色叫藤黄，蓝色叫天蓝，红色叫鲜红，黑色叫墨汁。

列宾从没有见过颜料是什么玩意，心里抓着挠着等特罗菲姆用颜料作画。他拿出一个干净的小碟，舀好一杯水放到桌上，叫表哥把教科书的黑白图画涂上各种颜料。第一幅图画忽然间在他们眼前变活了。在原先断断续续的黑线轮廓上，特罗菲姆涂满一条条绿油油的纹带，西瓜于是发出鲜艳的色彩，令大家眼花缭乱。孩子们都张大嘴巴。等特罗菲姆在第二个西瓜的截断面上着了红色，西瓜马上奇迹似的变得美丽诱人，恨不得咬它几口。当红色干透，他又用细笔在瓤上这儿那儿点出黑色瓜子。奇迹啊！奇迹啊！

和特罗菲姆待在一块儿的节日很快就过去了。除了给图画上色以外，他们哪儿也没去，什么也没有瞧。当大人宣布，特罗菲姆该回去的时候，列宾甚至哭了。

为了安慰列宾，特罗菲姆把颜料都留下给了他，从此以后，列宾便离不开颜料了，连吃饭时也得嚷半天才能把他叫开。家人骂他，说他通身上下都弄湿了，像只落水的耗子，说这些日子颜色把他迷得变傻了。他不胜烦恼，啼哭不止，后来鼻子开始流血，竟流个不停，怎么也止不住，脸色白得像纸一般，流出的鼻血在深凹的碟子里凝结起来，大人拿冷水浇湿他的后脑勺，拿开地窖的大铁钥匙贴在脖颈上。还必须高高地举起右手，因为血是从左鼻孔流出来的。一直过了三天左右，他才勉强恢复常态。鼻血刚刚止住，他就又画起画来。但这回他享受快乐的期限很短，正画着画冷不防他大吃一惊：一大滴红血落在图画上，接着落下第二滴，第三滴，又开始流血了。流血了，叫人多苦恼啊！又要老老实实静坐，仰起脑袋，右手上举，这种坐的姿势让人好不烦闷。列宾起初还任性恼怒，后来平静地躺在炕上，几天以后，觉得头抬不起来。它不是垂向胸前便是偏向肩膀。他的脊背同样也直不起来。他无法坐起，只能老老实实地躺着，邻居大妈来给他量皮袄尺寸，对他绝望地挥挥手，毫不掩饰地劝他母亲给他准备一口小棺材，缝制殓衣。这一切列宾都静静静地听着。

“他活不长了，你瞧，他的小耳朵连点血色都没有，小鼻子尖尖的。活不成了，活不成了。上帝啊，这真是千真万确的兆头。只要鼻头变尖，准死无疑。苏鲍切夫家那个男孩的病情也是这样。那孩子只不过犯了惊吓病。给他泼水念咒，想驱除惊悸。结果怎么样？不管费多少手脚，结果还是死了。”

列宾瞅瞅自己的双手，吓了一跳，惨白的双手，露着一条条清晰可见的脉筋，骨头和关节都能看得出来，惨白的指甲长长的。

列宾就这样一动不动地躺着，进进出出的女人们说这说那，连她们的耳语都听得清清楚楚。甚至厨房的声音，甚至那里的低声絮语，句句都钻进了他的耳朵。

希穆什卡·克里齐娜跑来，她对少年时就从邻居彼尔金家来到列宾家做工的多尼亚什卡说：“怎么样呀，你们的伊留卡还活着吗？听人说昨天开始断气了，小鼻子变得尖尖的，能不能瞧一眼他？”她边问边朝列宾走去。

列宾觉得十分好笑，甚至想伸出舌头扮个鬼脸儿给她。“嘿嘿，瞧他还笑呢。可脸色太难看了呀！鼻子尖尖，白得跟小面包似的！嗯，笑什么呢，眼看要死了，笑不了几次了！我们把你送到远远的地方埋下……量一下他的尺寸行吗？好吧，把小腿伸直，我们给你钉一口讲究的小棺材，镶上漂亮的金银绦带，你躺在里面会很舒服……你有什么害怕死的？一个不到 7 岁的孩子，马上会长出翅膀来，直接飞入天堂。你没有造孽，不像我们这作恶多端的罪人，到了那儿心惊胆战，魂飞魄散。我们其实用不着哭哭啼啼送你，你到那儿会求上帝宽恕我们和你的爹妈的。”

“那儿有颜料和毛笔吗？”列宾天真地问道。“怎么没有呢！整个天堂在万花丛中，那有鲜艳的金盏花，有蓝澄澄的花，有草场花，有稠季，都开得锦绣似的。那儿的玫瑰花儿多得不得了！樱桃树果实累累，四周是一片绣球花！”

“你说到另一码事上啦！”列宾打断她说，“颜色，画在纸上的颜色。那儿有纸没有？”

“纸？瞧你，还想要纸……上帝那儿什么都有。求求上帝，他会拿纸给你的。”

这时候列宾的母亲走了进来。希穆什卡忽然一惊，赶快跳着离开列宾身边，像对不起谁似的，把尺码藏到身背后。

列宾的母亲狠狠地打量她一眼，说：“你来这里干什么？你在这做什么？”

希穆什卡哑口无言，没有回答。

“妈妈，”列宾替她说情，“她是好心肠的人，她要给我的棺材上镶上缘带。”

“什么棺材？谁叫她做的，镶什么呀？”

“原谅我，看在上帝的份上。大家都说，你的伊留卡在咽气，我过来和他告别；别尔达基姆·沙威尔涅夫说要给钉一口小棺材……可他，你瞧，还笑呢，不过，你看得见，他的鼻子已经瘦尖瘦尖了，他在我们这个世界上待不长了……你不必生气……”

希穆什卡被赶了出去，妈妈紧贴着列宾的脸，低声哽咽起来。

“你真会死吗，伊留卡？”说完放声大哭起来，热泪掉到他的脸上和手上。

“不用哭，妈妈”，他安慰母亲，“人人都说我一定会死，因为我的鼻子变尖了。希穆什卡却是个好心肠的人，她要替我的棺材镶上漂亮的绦带。然后大家把我挪到爷爷和奶奶埋葬的那块地方。我们还在他们坟堆上滚红鸡蛋玩来着。我知道去那儿的道路，我独个儿也能走到。妈妈，天堂有毛笔和颜料吗?”

但列宾没有死，虽然鼻子变尖了。

大概到下半个冬季的时候，列宾非常想画玫瑰花丛，墨绿的叶子和鲜艳的花朵，还缀着含苞欲放的蓓蕾。他开始回忆，这些叶子是如何长在枝干上的。于是忧郁地暗想，到夏天还得等老长一段时候，他大概永远看不见浓绿的灌木和玫瑰花了。

有一回，他住得很远的表姐多尼亚·鲍恰罗娃来他们家做客。多尼亚瞧见他的彩色图画，对他画的玫瑰花丛大加赞赏，便求列宾给她的小箱子画一幅，她要把它贴在花箱盖子上面。她又从她的兄弟伊凡那儿给他拿来一本带插图的《包瓦王子》的故事。那里面有波尔康，还有另外许多图画。不少缺胳膊、缺腿，没有脑袋的男孩横躺竖卧。这是包瓦王子童年时做游戏的结果。王子力大无穷，抓着谁的胳膊，谁的胳膊便被扯掉，抓着谁的腿，谁的腿便被扯断。列宾也把他们的小人书《莫斯科的潘丘哈和西多尔卡》回送给她。大人已经拿这本书给他念过无数次，但拿它送出去他还是有些舍不得。

多尼亚·鲍恰罗娃的贴有列宾的图画的小箱子，使得乌斯嘉和她的朋友们也想要他的画去装饰她们的小箱子。他兴高采烈，陶醉在订货工作里，连擤鼻涕的工夫也抽不出来……不过在他的艺术活动中，最重要的却是为复活节第一个礼拜天画的有美丽图案的蛋壳。直到晚年，他回忆起这宗教仪式，心弦还不禁为之颤动。先选出个儿较大的鸭蛋或鸡蛋，在鲜蛋的尖头和钝头各扎出一个小窟窿，慢慢摇晃，让蛋白和蛋黄透过这些窟窿完全流光。然后拿泡浮石久久擦刷蛋壳，特别是鸡蛋壳。鸭蛋壳因为软且细腻，不必久擦。擦刷干净的鸡蛋壳却获得一种透亮的粉红色彩，在细笔描绘时，它的球面能把颜料迅速吸收进去。在画一幅基督复活的情景的画时，周围画一条有趣的装饰花纹，把 X、B 这两个字母编在里面，另一面可以画上变容节的仪式，或者各色花朵，只要能符合复活节第一天的命意的都行。

巴甫洛夫商店收购蛋壳，每个付 1 卢布 50 戈比。列宾小心翼翼地捧着他的小匣子，唯恐不留神打碎了这娇贵的蛋壳，妈妈亲手垫上棉花把它们装在匣中。巴甫洛夫老板自己也在画这种彩蛋，他做出来的活计使列宾佩服得五体投地。但是他仍然宽容地夸奖了列宾的工作，要他以后一画完便给他送去。有人到列宾这来挑拨，说巴甫洛夫商店拿他们的彩蛋每个卖 3 卢布的高价，他不大相信这话，他对付给他的价钱已十分满意了。

感谢上帝，女人们说得千真万确的预兆并没有得到证实，他活了下来，而且对鼻孔出血这种事习以为常，一点也不害怕，流血常常是因为在热天奔跑过久，偶尔稍微碰撞，或者争论时急躁生气。但他已经知道，这时该立即弄清楚，血是从哪个鼻口朝外流，他站住不动，后脑勺贴墙，举起右手，把开地窖的钥匙放在后脖颈上面，起初，他感到血灌满了他的口腔，眼看就要从嘴里流出来。列宾高高地扬起脑袋，静候血停住不流，可是它倒是越流越浓，只不过流得慢了。一直到流完，他才直起身子，只是这以后半天不能擤鼻涕，不然便带出脓和血，而且常常又出血。两个钟头以内都必须特别小心，也不能低头伏在桌上。很长时间抬手动脚都得留神，十分枯燥无聊，但有什么办法呢？必须忍耐！

冬天比较顺利一些。列宾把全部精神都放在绘画上。

有天傍晚，妈妈不在家，他便求多尼亚什卡面对他坐着不动。在暗淡的油灯下，她那因雀斑而呈火红色的脸庞显得恰到好处。只是烛芯老结烛花，这时便变得过于暗了。而且阴影也随着移动。多尼亚什卡起初还用手指掐除烛花，但转眼间便睡意朦胧，鼻尖像啄食似的朝前戳，眼怎么也睁不开，慢慢地就合上了眼皮。

但是这幅肖像画却画得十分像，母亲和乌斯嘉回来时，对它笑了半天。多尼亚什卡的胳膊上也画出了雀斑，满头是火红色的卷发。

每逢节日，特罗菲姆表兄到列宾家，小列宾总是让他坐着不要动，一张一张地画肖像。

父亲服完兵役回家后，生活开始有所好转。

妈妈为了孩子能有受教育的机会，就在家里开办了学校，奥西诺夫卡教堂朗读圣经的职员和工友教书法、神学和算术。8 岁的列宾和 10 多个奥西诺夫卡村的小孩一起学习，他和姐姐乌斯嘉勤奋好学，各门功课都很好。列宾十分崇拜算术教师雅罗维茨基，可是没有多久老师就考进哈尔科夫大学深造去了。

正是由于环境的限制，列宾从小就没有受过完整的正规的教育，可这一切更激发了他的求知欲。所以在列宾以后的成长道路上，他付出了比别人更多的努力，才取得了成功。

当地军事地形测绘学校的测绘员经常租用他家的大厅组织舞会,列宾也常去测绘学校,跟书记官盖伊齐格学习书法。书记官又把费诺根·阿法纳西耶维奇·邦达列夫介绍给列宾一家。妈妈求他做列宾的教师。邦达列夫身穿骠骑兵士官服装,有着一双灰色大眼睛和淡黄色头发,善良可亲。

经过朝思暮想的长期等待之后，11 岁的列宾终于进入了军官地形测绘学校。宽敞的大厅内，摆满了又长又宽的桌子。上面有牛顿牌水彩颜料和各种画笔，调颜料用的白碟子和洗笔用的笔洗。列宾左顾右盼，目不暇接。

墙上挂着巨幅的地图，有分成两个半球的地球全图，俄罗斯国家全图，以及其他欧洲国家的地图。

军官地形测绘学校是培养测量、绘图等技术工作人员的地方。学员大都来自各个不同的军屯区，穿着原来团队的制服，他们人手一个笔记本，当老师拿教鞭指着地图时，他们就能大声地说出国家、城镇、河流、山脉、海洋、港湾等的名称。列宾在这里开始接触地理知识和绘画技巧。

圣像画师

列宾13岁时，开始在当地绘画水平最高的画师布纳科夫的画室学画。在铁板上临摹亚历山大·涅夫斯基画的圣像。当时的学徒要跑腿当差，还可能挨打受骂，根据父母和老板达成的协议，他可以不做和专业无关的家务活。

有一次，一个名叫连尼克的德国院士从波尔塔瓦专程到楚古耶夫，想请几个画师做他画圣像壁幛的助手。连尼克走进布纳科夫的工作室。他在正在画画的列宾身后停了下来，带着欣赏的口吻说："瞧瞧，画笔在他手中有多听话！这孩子会有出息的，你回去和家人商量商量跟我一块去波尔塔瓦，我不会丢下你不管，我一定送你去美术学院，你一定会考上的。"

接着德国人又转过身和画师布纳科夫说："把这孩子交给我吧。"可是画师在楚古耶夫有做不完的订货，他需要帮手，谢绝了德国人的邀请。画师的太太米海洛芙娜也劝说列宾："不要听德国佬的甜言蜜语，把你拐到外国，再让你给他擦高腰皮靴，就是你要去的美术学院！"

列宾就这样失去了一次难得的机会。

列宾对美术学院的向往达到了梦寐以求的程度。1859年，他见到了一份彼得堡美术学院的招生简章，于是离开了画师布纳科夫。列宾当学徒是交了学费的，画师没有权利长期控制别人。列宾开始按简章上的要求做准备，他要独自开业积攒路费到彼得堡去。

在楚古耶夫，列宾很快成为远近闻名的圣像画师，承包人甚至从一二百公里外远道跋涉来请他外出作画。那会儿，在乌克兰地区，教堂壁画和圣幛画风行一时。但是干这一行的人实在太多了，所以工钱微薄。

1861年8月，在离楚古耶夫5公里的马林诺夫教堂，列宾刚刚画完从希捷卡的版画临摹下来的《骷髅地上的耶稣》，晚上在家休息，镀金师傅杰米杨·伊凡诺维奇·库左夫金，匆匆过来找他。杰米杨刚刚和从伏罗涅日省卡敏卡地方来的承包人尼库林谈妥随同出外做工的条件。德米特利·华西里耶维奇·尼库林再三托他向列宾致意希望他能同去干一整冬天。刚开始先去库皮杨县的普里斯坚村，结束那儿一些不太紧要的活儿以后，便再走远些，到卡敏卡干整个冬季。报酬从优：月支25卢布。

他马上跟他去见尼库林。边走，杰米杨边告诉他，必须今天动身，就在今夜。如今不比当年跟连尼克打交道，已经练得什么也不害怕……走就走呗！他在家里一点口风也没有对妈妈露，怕她受到惊动。

一会儿工夫，他们便走到老板的住所。他房里摆着酒菜，有好几位客人。小提琴和琴弓都已从皮套里拿出来，但最触目的，还是满桌杯盘狼藉的酒菜。尼库林放下小提琴，马上像高明演员似的给人以强烈的感染力量。他健壮、漂亮，满脑袋黑发，灰色的大眼睛，蓄着浓密的乌克兰胡子，多毛的胳膊结实有力，懒洋洋的、传情的眼神表示他热爱生活。从他的声音里，可以感觉出他在对付工匠师傅上，是个满不在乎的，貌似温和的暴君。

当他拉出悠扬的小提琴声，和他的男中音水乳交融时，他们的心弦完全被他的音乐感情攫住而为之战栗不已。他们马上被感动得泪水盈眶，心甘情愿随他奔向天涯海角。

他们弄得目眩神移，接连地为迷人的老板干杯祝福。直到午夜 12 点钟，才想起该为这趟远行收拾行装。

他们走出来后，杰米杨像登台演戏似的模仿尼库林，对他钦佩不已。这位镀金师傅想表现自己是精明的行家，是具有高贵的语言和感情的演员。

“上我家去吧。”他抓住列宾的胳膊再三请求。

列宾因时间太晚推却了，并且劝他赶快收拾。

“这与我何妨？我两袖清风，四海为家！”

“一点不错，列宾四海为家！走吧！周游一番！德米特利·华西里耶维奇算得上他中意的好人！随着他赴汤蹈火，在所不辞！”已经到了街上，当列宾还暂时和他同路时，他尖声大嚷。

跟他在一块真叫人无聊啊！列宾不由得留恋起老家来。离家别第使列宾十分难过。但他最后还是下决心，毫不动摇，虽然他特别热爱他的妈妈。现在，恍惚之间，他仿佛看到闪现在母亲两颊上的泪珠。乌斯嘉姐姐夭亡后，她是列宾唯一的好朋友。当他们住在奥西诺夫卡村的时候，碰到重大节日，他跟妈妈常常一块儿上柯切托克，离奥西诺夫卡大约 7 公里。为了及时赶上弥撒，必须一出太阳便从家动身。等他们穿过市镇，登上山坡，阳光已开始烤人，他们高兴地钻进柯切托克村外浓阴铺地的槭树林子。等他们赶到的时候教堂钟楼上还没有撞响祈祷的钟声。

奥西诺夫卡村的教堂，里面绘有金碧辉煌的巨幅壁画，都是从伊萨基辅大教堂内的壁画临摹下来的。大教堂的壁画幅幅出自当地最有天才的画师的手笔。特利卡左夫、克赖年柯、沙马诺夫，特别是年轻的彼尔萨诺夫，全是当地著名的画师，直到现在，他们的作品还使人不胜神往。这些美术杰作直到今天还多么清新，洋溢着多么深厚的生命力，教堂里有不少可供观赏的好画。母亲是虔诚的东正教徒，对绘画有很高的欣赏能力，但她不允许列宾在祷告时仰头看壁画。“嗳，这多丢人，在教堂里我简直害臊死了。旁的人个个都规规矩矩站着，诚心祈祷，只有你像傻瓜般张开嘴巴，一个劲儿呆看四壁上的画。”

列宾和工匠师傅到了普里斯坚，就住在教堂首事家中。

这位 70 岁高龄的教堂首事被村里人称做“老爹先生”。这位身材颀长、沉默寡言的老人，建立了严格的家规，把一大族人管理得俯首帖耳，树立了自己的威信。

老爹先生平时自己一个人在明亮的正房神龛下用饭。神龛下面挂着大幅大幅的油画圣像。饭桌上铺着家织的粗麻布，一尘不染。

也许因为列宾 3 人是客人，也许因为他们正在替上帝办事，老爹先生邀请他们过去进餐。至于众多的家属和佣人，都在厨房吃饭。

在这遥远的穷乡僻壤，人物竟像被精选出来的一般，不仅魁梧而且漂亮。同时，每个人的举止言谈都表现得十分聪明和自重，像老爹先生的两个儿子，都有许多有趣的话题，他们都是见过世面的人。

老爹先生用家长般的眼光扫视列宾等3人一眼，问道："你们中谁是画师?"

一个同伴指着列宾回答："他是。"

老爹先生大为吃惊："这位少年？他能挑得起这么重的担子吗？照我们老一辈人的看法，他还是个孩子呢……留着多么长的头发，简直跟姑娘一模一样。嗬，请过来，过来，坐在我身边。你可以到我园子里去，喜欢摘什么就摘什么吃好啦。那儿的西瓜和香瓜正是旺季，不过不要摘那些准备留种的。"

妇女们做的饭菜，鲜美异常。有色味俱佳涂着酸奶油的甜馅饼子，还有香甜可口的红菜汤和小面饼!

在老爹先生宽敞明亮的正房里，挂着许多用玻璃框装着的彩色石版画和内容轻拙的黑白木刻。雪白的大火炉四壁，画满家中女人和"小丫头"们的大胆创作，色彩绚丽，独具一格。在巨大的圣像框后，插着大把大把凋萎的花朵，整个天花板和四壁上半部，都巧妙地点缀着芬芳的干草。

黄澄澄的大木瓜，加上香薄荷和独活草，使室内充满特别浓厚的宗教气氛。

摆出这些画是为了迎接复活节，而花草是为三一节。

可是一个礼拜以后，少年的列宾在这偏僻的地方，远离熟悉的环境和朋友，已经感到无法忍受的烦闷。

特别在礼拜天，这种寂寞感更使列宾坐立不安，他回想起楚古耶夫和奥西诺夫卡的朋友。眼前的同伴和工匠师傅，都和列宾格格不入，他总躲着他们。清醒的时候，他们寡言少语，乐于助人，但三杯下肚，便马上互相找碴生事。瘦骨嶙峋的杰米杨常拿镀金手艺的学徒彼得鲁什卡作为开心寻乐的对象，玩笑开得常常到下流无耻的讨厌地步。他怕巴维尔，因为巴维尔力气大，为人又愣头愣脑，可能半天不响，但一发起牛脾气来，挥起肮脏的大拳头咄咄逼近杰米杨的鼻子。杰米杨只好赶快收敛放肆的丑态，趁还没有鼻青眼肿就悄悄溜掉。

列宾爬上普里斯坚村外群山的高峰，从那儿欣赏奥斯科尔河和一望无际的沼泽草地……这当儿，列宾一次又一次沉湎于对彼得堡的向往里……简直苦恼得想放声大哭……"唉，算了罢，世界上真有这个彼得堡吗？也许，这一切都是不可靠的谣传。”列宾用这种想法结束痛苦的思索，快步往回走。

要是在楚古耶夫，列宾这会儿正提着手杖，沿荷帧涅茨河岸走向鲍恰罗夫外公家，他们家现在正热闹异常。在宽大的果园里——当太阳还毒的时候，在绣球花树荫覆盖着的凉亭中——已经聚集了表姐妹们，她们的女友，还有列宾的表哥伊凡·鲍恰罗夫。表哥比列宾大 3 岁。他不光是跳舞能手，还会写诗，他随时能想出一些新鲜东西来朗诵。他性情愉快，脑子敏锐。

暑热稍敛，大家便开始没有尽头地跳起舞来。跳舞用的那块场地已经平得跟拼花地板一样。靴底因践踏青草而泛绿，像上了一层沫似的闪亮。跳得热起来了，大家就脱下外衣，尽兴地踏着卡德利尔舞中的各种舞步。

“特罗菲姆来啦！特罗菲姆！特罗菲姆！”表姐妹呼喊起来。

大家都喜欢特罗菲姆。他比伊凡表哥还大两岁，肚里装着无穷无尽的故事，说起来活灵活现。他脑门宽大，眼睛含着讽嘲的微笑。这个心地十分忠厚的年轻人，还有十分罕见的臂力。他是列宾教父卡西杨诺夫的成衣店的裁缝。因事上他们这家专门做军官活计的成衣店来的，常有勤务兵和为军官取东西的普通士兵，特罗菲姆就是从他们口中，搜集来形形色色的故事——那些人可都是编排故事的行家。

暖洋洋的夜幕降临，大家无法继续跳舞，都精疲力竭地靠近特罗菲姆躺在草地上，听他讲苦难士兵的无穷无尽的曲折故事，差不多听个通宵。

普里斯坚的工匠师傅是古怪的人。他们大部分其实都心地仁厚，谦逊而平和。但他们只要一喝酒，便立即兽性大发，脸色骤变，变得凶狠、恶毒、粗野，肆无忌惮地嚷着尖刻伤人的骂街话。

矮小的杰米杨一有醉意，便瞪着两颗小李子核似的眼珠死死对准笨拙而身强体壮的巴维尔，开始用手艺人的肮脏俏皮话毒箭似的射过去，怎么也劝不住。巴维尔起初还拿笑话回敬，忽然破口大骂，霍地站起，扬起大拳头在桌上咣咣猛击。幸亏房子是黏土地，震动声不易传开，不然可就天翻地覆了……

这是列宾第一次生活在手艺人小的圈子里，在这个环境里，和他们这样接近，他感到非常痛苦。

开始传出风言风语，说工匠们的老板尼库林已欠下一大笔债，他根本没有办法付清工匠师傅的工钱。他们打定主意，只要一拿到工钱，便马上离开尼库林。

他们左等右等，希望尼库林快点回来，因为活计已经到了煞尾阶段，而教堂首事告诉杰米杨，承包费用已由尼库林全部支领去了。他们暗地商量，谋求对策。杰米杨勇敢地鼓动大家：

“注意啊，注意，可不许落后，跟我上前！只要他尼库林一迈进门槛，我劈头就跟他说：把欠的钱给我们算清，你这坏蛋！”

但现在尼库林来了，怎么样呢？杰米杨却像最下流的奴才，飞奔过去迎接他，甚至还亲吻他的手。矮小、龌龊、几络黑头发竖得笔直，皮肤像赭石色颜料一样发黄。杰米杨酷似一个被各种故事和神话尽情嘲笑的小魔鬼。尼库林却漂亮、仪表堂堂，对杰米杨的犹大式亲吻，泰然受之。

工匠们的午餐吃得很愉快。尼库林明白手艺人的脾气，善于引起大伙的良好情绪。桌上摆着伏特加酒，为了排遣苦闷，他们等待饭后演奏小提琴。酒过三巡以后，杰米杨的眼睛对尼库林射出了凶光，但目前他还用男高音和着大伙唱熟悉的乌克兰歌曲，一切都进行得和睦平静。工钱的事儿连一个字都没提。杰米杨现在对尼库林发出苛刻的暗示，工匠师傅干这号事最在行！不给尼库林留半点余地。尼库林却丝毫不理睬这些刻薄话……又响起了小提琴声和歌声，一直到午夜，他们已经睡意沉沉。尼库林就在工匠师傅 3 人合睡的那个铺板上搭铺。

当大家都躺下了的时候，杰米杨像登台演剧似的，傲慢地抬起他的小脑袋，跨到尼库林身边，对他说了伤人的猥亵话。

“杰米杨·伊凡诺维奇，你……过分放肆啦！”躺在列宾身旁的尼库林提高他深沉的男低音，挽上袖子现出多毛的胖胳膊，抬起上半截身子。他一直在提防着，处处留心，并没有因别人的情绪而产生错觉。

“哼，狗东西，东扯西拉浪费时间。”杰米杨忽然毫无礼貌地尖叫起来。“拿钞票出来！把账算清，少废话！”

还添了一些骂人的脏话。

尼库林高高举起卷上袖子的胳膊，随着清脆的耳光响声，刚刚向尼库林节节逼近的杰米杨，眨眼间变成一具短小僵尸。满身蒙上一层扬起的炉灰，脑袋像死尸一样发灰，头发因掺杂炉灰而变得花白。黑血从他的嘴角和鼻孔不停地往外流。一摊摊血水很快便被炉灰吸尽。

“德米特利·伊凡诺维奇，你这是干什么呀？你打出人命来啦！”列宾失声急呼，嗓音完全变了。

尼库林温和地安慰列宾：“该给他脑袋和胸膛浇浇了。哈—哈—哈！这样的英雄！”

他从铺板上起身下来，用脚踢一下杰米杨的黄皮肤胸脯。整个杰米杨像黄色纸板做的假人。杰米杨好像已经停止了呼吸，把灵魂交给上帝了……

在老板脚掌的触动下，他虽然仍紧闭双眼，但是又像登台演剧似的，抑扬顿挫地带着鼻音尖声地说：

“要是我有长剑在手，我定要刺穿你的咽喉……我母亲本是土耳其贵族……老弟，我们都有来头。”

尼库林哈哈大笑不止。

这时巴维尔提进水来，浇得杰米杨像犯寒热病似的索索颤抖。悲剧结束了，工匠们静静地重又躺下。列宾十分害怕，虽然尼库林再三向他道歉，让他放心，但他的上下嘴唇仍跟杰米杨的不约而同，像发疟疾似的战栗不止。列宾久久不能入睡，他恍惚觉得，杰米杨在黑夜里拿刀扑向鼾声大作的尼库林，这场悲剧因新的流血兽行而更加复杂。列宾一直聚精会神地听着杰米杨的动静，杰米杨湿淋淋地倒在灰色炉灰里，直挺挺地躺了个通宵。他轻轻发出呼哧呼哧的喘息声，脑袋深陷在拌了水的灰色炉灰里面。

列宾比平常醒得迟些，第一件事就是赶快瞧那堆骇人的炉灰。火炉旁边已经不见灰黄色的身体，怎么回事！莫非做梦不成？杰米杨在隔壁房间的工作室中，已经心平气和卖力地干起活来了：正用砂纸打磨一个贴金大相框。对面的巴维尔也忙着赶着，唯恐落在同伴的后面。

这个相框是他们在普里斯坚唯一还没有完工的东西。列宾被弄得莫名其妙，以为经过解释他们已经和好了。杰米杨从老板那得到了赔偿的甜头，所以干得这样起劲，但尼库林却还在酣睡，哪里能有什么和解。列宾走到杰米杨身边，禁不住心惊肉跳，半边面孔和上下两颚，都用手帕包扎起来。在白手帕的陪衬下，面孔显得越加发黑。但更可怕的是整个面部布满大块大块的青色伤痕，左颊肿得高高隆起，连上面那只眼睛也遮住不见了。

他从绷带下用一只小眼睛偷偷瞟了列宾一下，看出了对方的惊骇，他说道："昨天夜里我牙齿痛得厉害，连脑袋也痛起来，腮帮肿了，看东西都费力……"尼库林这时才醒过来，高兴地哼着小调。梳洗之后，若无其事地开始煮茶，而且请工匠们一块儿喝。

"嗯，是不是车把式在准备马匹哪？"他问巴维尔。"伊利亚·叶菲莫维奇，你现在随我一块去卡敏卡。至于他们，我三两天后派马车来接，我想，这相框能赶得及交工吗?”他向左转过头，杰米杨正坐在左边。

“嗯，嗯，这个，这个，能交工的，德米特利·华西里耶维奇。”杰米杨愉快而顺从地嘟哝着。声音小得几乎听不见。

没有一个字提到算账，提到工钱，仿佛根本没有这回事……

“我现在告诉你们每人留下 10 卢布，因为还没有跟这儿的首事彻底清账。将有大车接你们几个人和所有的工具，以及农民们赠送的零零碎碎的什物。”

回答是沉默，也就是没有异议。

像所有的工匠一样，列宾也感到这个人的无可抗拒的控制力量。不过，他对列宾还特别周到和气。

车子沿着奥斯科尔河边的白垩岩丘陵走了整整一天，奇形怪状的河湾，在阳光照射下水波潋滟；河湾后面一望无际的草地闪闪发亮。车子爬上每个山头，列宾都高兴地跳下带篷的四轮马车，畅怀呼吸。

一路上，尼库林不断地谈着严肃正经的问题。列宾简直感到骇异，甚至不敢相信，他昨儿夜里那样丧尽良心地殴打孱弱的镀金师傅。

列宾感到在这个环境里总是提心吊胆，开始考虑逃脱的办法，设法回家……不过尼库林对他，跟对旁的人一直不大相同。

对于列宾，这块地方的人，都怀着特别的敬意，把他划出老手艺人圈子之外。比如，在检验完工匠的活计之后，当教堂内为本堂圣者纪念节所做的准备工作都已就绪，亚列克塞神父准备午宴请大家。神父在哈尔科夫神学校上学的儿子也回来参加这个盛大节日。这位神学生把列宾拉到一旁，悄悄地问他家住在哪里，父母是什么人，怎么也不相信列宾是军屯户。这种怀疑甚至使列宾感到惊讶。

“在我身上你发现了什么奇怪的地方？和同伴们有什么不同？”

“何必谦虚哩，他们不是你的同伴。你有气派和风度。一眼便能看出，你是另一个圈子的。”

列宾非常喜欢这位神学生，和他这样友好地谈话。他们谈论起文学来。列宾读过的东西不少，但都在很早以前，当乌斯嘉姐姐还在李曼斯的寄宿学校念书时，常从学校的图书馆借阅书籍。乌斯嘉大声朗诵，大家入迷地听着司各特的长篇小说、伊凡雷帝和库尔布斯基的通信集等许多作品。他们在鲍恰罗夫外公家也经常朗诵文学作品，虽然伊凡表哥最喜欢神话。

乌斯嘉死后，楚古耶夫团的军官们从团队图书馆里借来许多作品，特别是茹科夫斯基、普希金、莱蒙托夫等人的作品。

列宾因为兴奋而满脸通红，只有久处在没精神食粮的饥饿中的人，才能理解这种心情。

绝望的苦闷，又开始袭击列宾这个长期陷在“可爱的糊涂”和粗野蒙昧中的人了，没有一点思想的火星，没有一句有意义的言语，庸俗单调的牲畜生活！他又想起妈妈，“这回离开她我做得多么悖逆无礼！就算我从不喜欢甜腻腻的爱抚．甚至引起我认为是粗鲁的反感。但这样仿佛存心似的平地风波使她悲伤，却并非我的原意。”

列宾常常半天半天地遐想往事，缅怀故乡。当独自一个人的时候，他就吟诵一首抒情歌曲：

挂着经历百战的宝剑，
骑士站在那儿独自悲伤……
我也在陌生的异乡，
抱着使自己荣显的希望。

心事归心事，实际上他跟着尼库林越走越远。顺着奥斯科尔河岸上迤逦起伏的白垩岩丘陵旅行，已经是第二天了。尼库林滔滔不绝地对他说起他过去的几段经历，描述了工匠师傅们的生活和习俗。他谈锋机智，这些事情十分有趣、娓娓动听，听着的时候列宾甚至把楚古耶夫完全抛在脑后了。可是尼库林过于喜欢顺道造访他那不计其数的朋友，很难催他向前赶路。他的朋友中有好心的农庄主，富裕的渡船主人，经营大宗面粉和粮食买卖的磨坊掌柜。在每个熟人家里，桌上通常都摆出乌克兰式的伏特加酒、才烤出来的面包、煎鸡蛋、脂油和圣诞节灌的香肠。他们从地窖里拿出来腌黄瓜，赶着用奶油煎鲟鱼，池塘里还养着大量候补的江鳄和鲤鱼。有小提琴和歌声助兴的盛宴，至深夜方散。本来晚上决定明早天亮即上路，但有时又谈起一件什么小交易，有时又来了一个正要去找他的人，于是行期又一拖再拖。列宾已经把尼库林所能演奏的全部乐曲听得烂熟，这种无所事事的日子使他苦不堪言。话又说回来，在尼库林演奏的时候，他仍无法不全神贯注在他的小提琴声上，特别是他唱歌时流露的深厚感情，他那无法比拟的美妙音调……听着尼库林的提琴和男中音，列宾就忘记了故乡，忘记了时间……

在月光明亮的晚上，他们到达了卡敏卡村。那些粉白了的土坯房、宅门和庭院，像童话里的仙境一样，列宾一下子被乌克兰式的诗情画意吸引住了。但转天早晨，却找不出半点仙境的影迹。白天，一切显得简陋平淡。

也许，昨夜的心情，是尼库林妻子迎接他们时脸上呈现出的那种真正的诗意引起的，这细高挑个儿、年轻貌美的女人名叫叶卡捷琳娜·华西里耶芙娜，最引人注目的是这个教养良好、与众不同的女人一张苦恼而表情丰富的脸庞。

早晨，尼库林夫妇建议列宾用一所离大家住的地方不远的空屋做工作室。这屋子自从炉侧板床上出现一具老奶奶的棺材后，房子便空下来，垂暮的老奶奶已经完全干瘪，酷似暗褐色的木乃伊。儿孙们把她忘得干干净净。任何人也不知道她现在多大年岁，大致算起来，远远超过百岁。她的同辈人已没有一个活在世上了。约摸15年以前，有次她确实垂危，大家对她举行了涂油仪式，后事齐备，而且把她装进棺材，因为大家都看出来，她已经在咽最后一口气了。可是老奶奶却忽然而愈，自己从棺材里爬出来，走到她心爱的火炕上，只有在漫天阳光的暖和天，她才离开火炕，爬到向阳的一堆枯枝上坐着，兴高采烈地望着远方，嘴里高兴地不停嘟哝。她很早以前便双目失明了。

只有一回听明白她尖细的、儿童似的声音：

“姑娘们，姑娘们，到我这边来，我有许多好枕头哩，许多许多……”接着哈哈大笑。

都是为了这个棺材，人们才放弃整所房屋，没有一个大胆的敢答应在这儿居住。

列宾察看那口棺材和一长排房间以后，挑了一间有三个窗户的最大房间做工作室，——棺材恰好搁在这间房子的一个架上，另外还要了隔壁一间做自己的卧室，在卧室内用铺板整整齐齐地搭好床位。

叶卡捷琳娜·华西里耶芙娜对列宾的勇气，投过来不无惊讶的目光，一面吩咐婆子们打扫擦洗。在这所荒废的房子里，到处都蒙着一层厚厚的灰尘。

婆子们一个个狐疑不定地打量着列宾，只因为这具棺材，她们才不敢出声笑眼前这个勇士。

在漆黑的夜里，列宾从尼库林明亮、温暖、快乐和美的家内吃完晚饭回来，摸索着走近自己的床位时，也仿佛看见黑咕隆咚的四处角落里，都影影绰绰站着死而复活的老奶奶。又恍惚觉得她已来到他的面前，眼看就要拦着他不让走过。

在黑暗中只能勉勉强强分出黑色棺材的轮廓。棺材四周镶着黑色细棉布边饰，中间向外垂出白色殓衣。自从复活了的死者爬出来以后，这垂着的殓衣就没有人触动过。她本人从棺材爬出以后，也丧失掉最后的一点理性，自此以后，又重返到幼稚无知的童年时代。

不用说，列宾的勇敢完全呈现在外表上，穿过厨房时，他在几个女仆面前煞有介事地拧紧眉头，她们对他射过来隐藏恐惧的眼光。

她们谈论着：

“你难道没有瞧见，他鼻孔里藏着东西，他头发也比咱们怪。他准会什么咒语……”

列宾的头发剪得很短，向后梳着，弄成刺猬似的，他自信自己具有威严的外表。

“还用你说吗，”另一个女仆回答，“谁敢只身孤影睡在一个空屋里，而且还摆着死人钻出来的棺材。自然有几下子。”

列宾的三脚画架上只有为当地教堂绘的两幅圣像：耶稣基督和圣母。他专心致志设计圣像身上的光环，寻求面部的神圣气氛，心里充满了虔诚。最后，使用亮度相反的原色和青色线条，杂以淡黄色，表现出圣像头部不同寻常的光辉。

叶卡捷琳娜·华西里耶芙娜过来检查女仆们拾掇房间的情况时，对列宾画的圣像十分惊讶。她端详了半天，问他从什么原本上临摹下来，在哪见过这样的画像。她聪明伶俐，谈话行事，都挺有分寸。因为是老板的妻子，她抑制住自己的夸奖，但列宾已感觉出来，自己的艺术作品给了她出乎意外的新鲜印象。

列宾在尼库林这儿，首次开始阅读狄更斯的小说《大卫·科波菲尔》。

在荧荧如豆的蜡烛光下，列宾使用的两间房特别像古罗马基督教徒的地下避难经堂。他在这儿已经不能和这部书分手，直到有回挨了叶卡捷琳娜·华西里耶芙娜的母亲的训斥，才稍微按捺住自己。逢到礼拜天，差不多一清晨，他便走到奥斯科尔河边的草地去，走到干草垛旁，找一个极为舒服的地方，全神贯注在狄更斯笔下人物的生活和兴趣里面。在这儿每每待到黄昏方离开。

所有的工匠、镀金师傅、雕刻匠都来了。天也冷了，他们搬到一栋大房屋里，布置好温暖的住处，选一间大厅做工作室。“干活比不得散步”，连夜晚和清晨，也点燃蜡烛插在调色板上，不停地画，画完一个圣像又画一个圣像。

老板对列宾的画表示满意，他不高兴的只有一点，就是修改太多。列宾经常从椅子上跳下来，站在远处打量自己的作品。老板本人不好意思提这种意见，便托与列宾同乡的工匠师傅劝列宾不必把时间白白浪费在不断的修改上。

不论他怎样画，老板说，“都可以对付过去。对这些莫名其妙的教民，和一窍不通的神众，犯不上下这么大的工夫。”

叶卡捷琳娜·华西里耶芙娜一再邀请，坚持让列宾上她家吃饭，通常，他都用各式各样的托词谢绝了，因为同伴们老是对他侧目而论。不用说，他们以为，他在老板夫妇那儿，对他们的懒惰做了秘密汇报。

列宾感到生活枯燥无味，但最伤脑筋的还是那一直没有停息过的谣言，说尼库林已濒临破产，他马上便会什么也拿不出来支付工匠们的工钱。

最后，列宾决定写信给家，叫家里借口紧急事件派辆大车来接他回去，因为在这他担心一个子儿也捞不着，怎能实现上彼得堡美术学院的计划？

但是，尼库林却付清了他全部工钱。

12 月 7 日，列宾离开了卡敏卡，坐着从楚古耶夫派来接他的大车，在严寒刺骨、风雪呼啸的夜里，他们迷失了方向。通宵在漆黑的雪堆中颠簸，用双手摸索前进的道路。快到黎明时分，他们才看见一个村庄。善良的人们把他们让进屋内温暖身子，给马匹喂草料。

在宽敞的农家房舍里，大炉灶里炉火熊熊，油灯亮堂堂，冬天黎明 4 点钟就起床的全家老少围坐在大餐桌旁。主人请他们一起共进清晨的早餐，既冷且饿，又经过通宵迷途的困顿，他们不由得狼吞虎咽。主人摆上了拌着红甜菜和克瓦斯的鱼、乳渣和鸡蛋烤的小饼，以及妙不可言的浓酸奶油的热气腾腾的小圆饼。大家饱餐了一顿。

列宾心里已打定主意，不论他们要多少钱，绝不还价。“你这是说到哪去了哪！难道我们是拿粮食菜蔬做买卖的人家？”主人责备的话语，答复了列宾提出的付账的问题。“绝对使不得！使不得！你将来进教堂的时候，捐给教堂买蜡烛敬神好啦！”

他们怎么也不收钱，连喂马的干草和燕麦也白送。可爱的善良人！

回家闲着无事，列宾根据普希金翻译的密茨凯维兹的诗《将军》，开始构思一幅图画。同时替亲戚朋友画像，只要谁能静坐给他做模特，无论叔叔、舅舅、婶婶、舅母、表兄弟姊妹等都画。出外做客，他随身带着小铅笔，不止一次地给人画肖像。

“能不能自己画自己？”妈妈有回问道。

列宾拿出一小块纸板来画自己的肖像，越画越入迷。自己做模特得心应手，画出来的肖像酷似本人。妈妈看了十分欢喜。

“在这个孩子的脸上，现出大人的智慧。”妈妈说。

在彼得堡

列宾 19 岁时画的自画像，表现了一张年轻勇敢和充满激情的面庞，双眼流露出探索的神态。仿佛这位年轻人正在提出这样的疑问："为什么世间存在着不公平？新的生活就在前面，可生活将是怎样呢？"当然，除此之外，你还可以感受到一往无前的决心。

年轻人就是在这样的心境中离开了故乡楚古耶夫，告别了亲爱的母亲和弟弟，带上他画圣像辛辛苦苦挣来的 100 卢布，踏上了漫长的旅途。

到彼得堡去，到远离家乡 1500 公里的地方去，在那里列宾举目无亲，但是，那座城市是当时俄国的首都，文化艺术的中心，拥有一所他向往已久的美术学院。

一辆四轮马车缓慢地行进在哈尔科夫通往莫斯科的大道上。赶车人不停地挥动鞭子，鞭梢儿在六匹马的头上叭叭作响。

列宾坐在靠外面的一个座位上。他头上还有一层，上边装着行李。马车晃来晃去地走着，爬山时显得十分吃力。为了不被甩到壕沟里去，车一爬山，列宾就得先跳下来徒步而行，这样比较安全。一路上，他多半是一动不动地坐在马车上，寒气砭骨，双手都冻僵了。

列宾穿着银灰色呢面皮袄，皮袄外面还披了一件带风帽的黑呢军大衣。

这件军大衣原本是库片斯卡那儿一个神学校学生的，他是列宾承包人季摩费·雅柯夫列维奈的亲戚。他很喜欢列宾的一件厚呢大衣，而列宾也把对方的军大衣视为不可多得的珍品。于是，两人交换了大衣作为纪念。

马车单调地摇晃着，而车上列宾的心里很平静，不久前的往事一幕一幕地从眼前掠过。想到未来，他浮想联翩，既有忧虑，也有美好的憧憬。

阳光灿烂的白天被漆黑的夜晚所代替，接着又是黎明、朝霞和预示着将有一场初寒的落日余晖。一共经过多少次这样的更迭，早已无从记起，唯有马车还在不停地走啊，走……

突然，马车停了下来。周围是漆黑的夜幕。远处传来几声枪声，顿时一片慌乱。只见车长和车夫跑去追赶淹没在黑暗中的人影。

原来是小偷爬到车上，企图割开覆盖行李的雨布，偷走里边的提包。马车这时正行驶在匪患如毛的奥尔洛夫省境内。东方渐渐显出鱼肚白。朦胧之中可见一些衣不遮体的人，光着身子穿着破皮袄。其中有妇女儿童，也有老人和青年。他们眼巴巴地将双手向马车伸过来乞讨、求救。这里无疑在闹着饥荒！人越聚越多，吵嚷声也越来越大。眼前晃动着的都是手。有人扔钱给他们，于是人们一下子涌过去抢钱，你踩我，我踩他，乱作一团。接着，又是举在空中的手，哆哆嗦嗦的手，手，手……

赶车人想把他们从车旁赶开，朝着乞讨的人群甩了一鞭子，马车又重新上路了。

人们依然尾随在车后，伸着双手，边跑边叫。好像整个苦难的俄罗斯伸着颤抖的双手在乞讨。这是在1863年，俄国废除农奴制两年之后的情景。

在去彼得堡的路上，列宾一直沉浸在对未来的美好憧憬之中。但此时饥饿的人群跟在马车后奔跑求乞的情景，在他的心灵上留下了难以愈合的创伤。

这一天所经历的一切，对于踏上独立生活道路的列宾来说，无疑是具有象征意义的临别赠言。

他们仍然不间歇地赶路，眼看走了已经整整一个礼拜。但半道停滞了，比起这无休止的单调旅行，更叫人难受。

最长也是最不愉快的一次停滞，是在谢尔普霍夫，在这儿要搭平底渡船渡过宽阔的河面。大家等了大半天，渡船才从对岸划回来。冷风飕飕地迎面吹过来，寒气砭骨。列宾已经没有兴致爬下高座，无动于衷地望着浩荡的流水。船只穿梭般往来，有的载满乘客，吃水深，有的轻装无载，在水上迅速滑行。不过这一切都不能引起列宾的兴趣，他只希望尽快到达莫斯科，但那儿到底怎么样呢？想起便觉得心悸：在陌生的地方，会遇到什么呢？

在这漫长的旅途中，列宾觉得只有图拉的宫城是叫人流连忘返的胜景。他们那些搭驿车的乘客集合起来，有的步行，有的叫车，向宫城出发。

在乌克兰的村庄镇市中，根本见不到这种古色古香的建筑。这雉堞整齐，转角处塔楼高耸的宫墙，令列宾不胜震惊。他不由得想起了《叶鲁斯兰·拉孔列维奇》和《包瓦王子》两本书中的插图，那儿画的正是这样的城墙。脑际里浮现出当年这宫墙内的全部勇士的生活。

在谢尔普霍夫渡河之后——直到黄昏时分才渡完。

又是无边无际的旅途。列宾枯坐着打发无聊的时光。又过了一夜……嗳，到底走了多少昼夜，列宾也记不清了。

终于，在朦胧的夜色中，押运员用特别激动的声调告诉列宾：

“你干吗不看看呢，莫斯科到啦!”

“到啦？在哪儿?”列宾瞪大双眼。

“我们这不是已经走在莫斯科的街道上么。”

“你这话当真？这些破房子，这些东倒西歪的栅栏?”

天色刚刚破晓，但四下里已愈来愈亮，可是街道似乎老是那一条，无穷无尽逶迤下去。总是歪歪斜斜的小平房，房屋塌陷，烟囱又黑又脏，一片颓败模样。但最令人厌恶的，还是这些望不到尽头的腐朽木头栅栏，以及上面冒着防盗贼的锐利长铁叉的围墙。

房舍大门上，越来越频繁地闪现出这种千篇一律的招贴：“空房出租”。天上飘着雪花，好容易在越过一片广场之后，街道宽阔起来，两旁房屋也高大起来。咦，这大门上还钉着狮徽呢。开始出现教堂啦……平日听说，莫斯科的教堂多得数不清……最后，大家进入了驿部的大院。于是，有人向大家宣布，各人可以领取自己的行李各走各的了，两个来钟头以后，驿车即循原路回驶。

列宾是个对新事物异常敏感的少年，他恨不得赶快跑去看一眼“铁路”这希罕玩意儿，看看不用套马的车怎样走法。这时候他想起叫沙夫卡的那个军官的勤务兵来。最初栽电线杆子的时候，在列宾家厨房里，引起了一场十分激烈的争论：电报到底是用什么法儿传来的？沙夫卡面红耳赤，因为大伙不相信他而委屈得流下泪来，赌咒发誓说，有一种小巧的机器顺着铁丝飞跑，要是落在铁丝上的鸟儿不及时躲开，准被碰个稀烂。

眼前就是火车站了。啊约，原来是这种形状：一长溜十分高大宽敞的走廊，顶上覆盖着玻璃；当中一大块没有铺地板的场地，上面一条条肋骨似的摆着铁轨。远处，一个乌黑茶炊模样的怪东西，呜呜叫着，朝空中喷着浓浓白气，朝人迎面飞奔过来，蓦地发出一声震耳欲聋的吼叫。列宾被吓得不知如何是好。但一种欣喜若狂的情绪马上攫住了他，他赶快向站警打听：去彼得堡的火车什么时候开出？逢什么日子开车？

“不，每天开出两趟。”站里的工作人员笑着回答。

“原来是这样。”列宾暗自思忖，他迫不及待地想上彼得堡，但愿马上有车开出才好。

“今儿马上有车没有？”他问。

“两个来钟点以后，有列客车开出。”

“到彼得堡得走不少时候呢?”

“一个半昼夜。今天上午10点发车，明天傍晚就能到彼得堡了，”

“可是哪卖车票呢？多少钱一张?”

列宾这会儿晕头转向，对什么也无心观看，一心一意只想快点把他那只塞得鼓鼓囊囊、重得要命的箱子弄过来，然后安心等待什么时候放人进车厢，于是找好座位，飞向彼得堡……这难道不是梦么?

车票是一张窄条羊皮纸，上面印出火车要停的各个车站名称。

又是车来车往，机车喘气，吼叫，喷出一会儿是白色，一会儿是黑色的烟雾。列宾心里只挂记着两件事：看住自己的箱子不要丢失，但主要的还是及时坐进他该坐的那趟列车。他在长得没有尽头的站台上来回踱步，静候那趟车进站。站警答应告诉他什么时候可以上车，该坐什么车厢。

啊，多美啊！列宾想：我到底乘火车出站了，坐在舒适的长凳上，和坐在房间里并无两样。不错，大家坐得很挤，车厢刷着灰颜色，到处牢牢钉着放平了的十字架形钩，上面挂满口袋，包袱和工具。凑巧一伙木匠师傅和列宾同车。

教堂、屋宇，都一晃而过，重又是城郊的市镇。瞧，又是村庄，纵横的道路，步行和坐车赶路的人们。但眼前的一切飞快变化，还没有来得及看清楚便已经不见了。火车隆隆飞奔，飞奔……

车厢内开始大为改观。开头坐两个人的板凳，大部分都变了样了：凳上只剩一个躺着，佝偻着双腿，另一个爬进凳下去了，光露出一双树皮鞋或长靴。

空气越来越污浊，特别是因为乌合烟的烟雾。又有人啃起咸鲱鱼来。碎纸乱丢，一会儿便到处肮脏不堪。开门时放进一阵冷冽的气，更让人感到：车厢内的空气混浊得不得了。

列宾想：我算走运，听了站警的劝告，预先已上邻近的餐馆喝完了茶，就着小白面包和牛奶饱餐了一顿，现在一点儿也不饿。在苍茫暮色中，列宾昏昏沉沉进入梦乡。他已经习惯坐着睡觉。

点燃了暗淡的挂灯。朦胧神秘的灯光，洒在口袋包袱上，洒在横躺竖卧的人们身上。现在根本无法弄清，这是谁的胳膊，谁的腿脚，那是谁的树皮鞋，谁的口袋，谁的箱子——混乱一团，纵横交错。不管爬也好，跨也好，都休想溜到门口……

在这时候，乘务员、稽查和站警会同进来查票。

乘务员挨个撕下长条羊皮纸上人们已走过了的车站名称。这样的查票制度简便周到，想得真好！但看看这儿的实际操作情形才有意思呢。瞧，费很大劲把酣睡的乘客推醒；瞧，他掏出自己那条羊皮纸；瞧，乘务员撕掉了已经落在人们身后的车站！……有的睡意朦胧，愣怔半天，还不明白是怎么回事，折腾半天才搞清楚——这时好戏出场了：他忘记车票搁在什么地方，一时脸上的表情迅速变换，什么奇形怪状都有！

对面坐着一位中年人，列宾尝试着和他搭话，原来他是彼得堡人。这引起了列宾浓厚的兴趣，更想跟他打听下去，但不知为什么，一字不敢提到美术学院。

“你到什么地方高就？”他问道。

这一问，列宾才突然感到自己的前途十分渺茫。他有点惘然，恨不得找个地方躲藏起来才好。

对面的同伴不由得注意起列宾来，这个有丰富生活经验的中年人，大概发现列宾形迹可疑。继续问了几个问题之后，他便和颜悦色，开始安慰起列宾来——他是个好心肠的善良人。虽然说话时带有极度轻微的德国音，对生活抱不折不扣的实用观点。

“这有什么不便说的呢：你不是没有头脑的人，看一些书，对俄罗斯文学的议论有点见地。上学，想去上学是不是？很好嘛。怎么，你想进大学，对吗？”

他这几句话忽然把列宾的生活照亮了！虽然还没有置身其中，他这个假定却使列宾陶醉：难道我有什么地方和大学生相像？在列宾心目中，大学生都是神话的英雄，他甚至不敢正视。他打心眼里惋惜，当时因为“捣乱”的罪名，大学生被禁穿自己的制服、天蓝色的帽箍和特制衣领。沉浸在一种从未有过的喜悦中，他愉快地默不作声。

最后，像受审的犯人一样，列宾决定向他坦白出全部真情。

“你知道，”压低声音，列宾前言不搭后语地说，“我本来有心想进美术学院……”

“原来如此，哪里用得着这么左右为难哩！进这学校倒容易，但必须要有天分，啊，上帝！”他霍地精神抖擞，用一种激动的声音叫起来：“我们到达彼得堡了！瞧，瞧——马上就会看到十字架教堂，啊呀，家里不知道是什么模样呢！”

他起身从这个窗口跑到那个窗口，开始收拾自己的行李，列宾却感到恐慌可怕。他首先考虑到的是去哪儿落脚呢？

“请告诉我，看在上帝面上”，他对一直与自己攀谈的同伴说，“麻烦你指点我，我该在什么地方落脚？美术学院在什么地方？”

列宾完全不觉得眼前这样喋喋不休多么不是时候。但他仍然缠着同伴不放手，虽然也感觉出来，对方已经心绪大乱，未必能回答自己什么问题。

“啊，这个，你必须上华西里耶夫岛，很远，得穿过整个彼得堡。”

“往后我可以到府上拜访请教吗？能不能留下尊姓大名？”他还不知趣地问。

“可以。维克多·康斯坦丁诺维奇·福尔茨。”

列宾怀着依依不舍的心情，匆匆和旅伴握手作别。猛地，他感到自己掉进这大城市生活的冰冷海洋中。市声鼎沸，像暴风雨大作时的急流漩涡。他尝到了有生以来从未有过的惊骇情绪，远处异乡的吓人孤独感，把他压得透不过气来。但他到底还是坐进了雪橇，车夫是个心地善良的小伙子。雪花漫天飞舞，大片大片地纷纷降落，旋即又溶化了。他眼睛朝宽阔的大街瞧个不停。处处摩肩接踵，车马辐辏。雪橇轿式马车，一个接一个，川流不息；人行道上，屋宇和商店前面，人流像做过一年一度的大弥撒后从教堂蜂拥而去似的，密密麻麻。大部分都是青年人，头戴三角形呢帽，佩着金线织绣的领章；也有不少军官、太太和小姐。正是下午四五点钟光景，有人向前，有人往后，行人车马络绎不绝。

一个远离家乡的年轻人，一个只凭画片想象过首都市容的人，此时此刻他的心境可想而知。阿尼契科夫桥上奔腾的群马雕塑，喀山大教堂庄严肃穆、从容典雅的柱廊，涅瓦河街口高耸云霄的尖顶，涅瓦河口矗立的雨西尊斯芬克斯塑像，以及他的幸福、他的命运所系的彼得堡美术学院，都曾千百次出现在他的脑海之中。列宾心头猛跳：我真的不是在梦中。

“嗯，现在上哪儿去呀?”车夫问。

“找个旅馆住下，房钱便宜一点的——你知道这种客店吗?”

“打听一下吧，你想什么价钱合适？各种房间都有的。”

他们在一家名叫“麋鹿”的旅馆前停车，听说有一卢布一间的客房时，便在这住下来。

已经是暮霭四合的时候，房间内憋闷无聊。列宾要来一个小茶饮，就着锁形白面包一口接一口，也记不清喝了多少杯茶，暖洋洋地出了一身轻微舒服的汗。

在风尘仆仆的长途跋涉之后，他感到这儿安谧宁静，称心如意，转眼间睡意朦胧起来。在干净舒适的被褥里，一会儿便美滋滋地睡熟了。好久以来，他没有这样自由伸直腿脚，铺盖这样暖和。

列宾醒得很早，天还没有放亮呢。这时，他仿佛第一次清醒过来面对现实，禁不住怦怦心跳，数清楚自己身边所带的钞票以后，他恐慌的心情更加厉害：他发现自己的皮夹里已只剩下 47 个卢布。在这间房子里还可以住上 30 天，往后怎么办呢？

“怎么样？”列宾问一个外貌忠厚的服务员，“要是论月租用这房间，一月我该拿多少钱？”

“说不上，先生，我们这儿还没有住过这么长的客人。要是你打算长住，你不如到外面给自己找个论月租一间的房子，好好儿讨价还价一番，租金少则 6 卢布，多则 10 卢布。这么着太不上算啦，一月花 30 卢布房钱！”

“怎么能找到这样的房间？到什么地方去找，跟谁打听呢？”

“就这么沿街一直走下去，瞧瞧大门上贴字条儿没有，看看上面怎么写的，再细问问扫院子的工人就行了。多走几步，靠小马路那儿，租费收得贱些。”

这一天，彼得堡的清晨刚刚开始，去找栖身之处以前，列宾先来到涅瓦河畔，他要看看美术学院。他长久地站在斯芬克斯身旁，四处张望，极力想更快地熟悉一下仅仅在画面上见过的景色。

美术学院那紧闭的大门充满着无限的诱惑力。似乎大门马上就会向他敞开，欢迎他的到来。从里边会走出一个人来，从外表就可以准确地猜出他是一个画家，可是大门并没有打开，时间尚早。

列宾呆呆地伫立在那里，心潮起伏，兴奋异常。此时此刻，他根本想不到，等待他的是重重障碍。他曾相信，可以不费吹灰之力就能进入这扇大门。

在斯芬克斯身旁度过的这个晦暗的早晨，他永生难以忘怀。他新的人生之路就要从这里开始。在小马路上，根据大门上贴的招租字条，列宾登上了四楼，也就是顶楼。精明利落的女主人领他看一间房顶微拱的小房间。她想收6卢布的月租费。他觉得房间挺中意，便开始讨价还价，提出5卢布，因为这儿离市中心可够远的。

“那有什么关系，你是大学生吧，这对你还算方便，你不是要找离大学最近的地点儿?”

“不是。”她把列宾当成大学生的假设，让他受宠若惊，不禁难为情起来。“不是”，他嗫嚅着说，“我打算报考美术学院。”他一口气说出后面这句话。

“啊呀，那就太巧啦！我丈夫是建筑艺术家，我侄儿也正准备进美术学院呢。”

列宾心里高兴得突突直跳，他们讲好，这间房的月租金 5 卢布 50 戈比。

列宾恨不得马上搬进这开着阁楼式窗户的新居，动手画点什么。

转天一早，列宾便出发了，遍访圣像画师作坊，表示自愿报效，但到处都只是冷淡地登记下他的住址，答应需要时再通知。他感到这方面没有什么希望，便走去另向制作招牌的作坊打听——也是到处只答应需要时再通知。

精疲力竭，他顺便走进一家小馆吃饭。饭菜都十分香美可口，但用去了 30 戈比，如果天天都吃一顿这样的饭，剩下的几个钱马上便会花光。列宾身边还有从楚古耶夫带出来的茶叶和白糖。于是，他走进一家小店，买了两俄磅黑面包，拖着疲倦的步子走回寓所。傍晚时候，他就着黑面包喝着自泡的热茶，浑身冒汗，感到舒服无比。面包只花了 3 戈比，喝茶就块糖也所费无几！“日子应该这么过下去”。他心里思谋着。这个发现让他心花怒放，在重重危险面前，抖擞起精神来，唯恐饿死的恐惧心理现在消失了。

给列宾送茶炊的老太婆是房东的远亲，他求她在空闲时候边织袜子边坐着给他做模特。他调好颜色，兴致勃勃地画起她的肖像来，精心琢磨，把她柔细的皱纹用笔画到纸板上。

房东太太看见作品后，大加赞赏，列宾犹豫地发问：“我最近能见到您的丈夫——建筑艺术家么？”

“能呀，能呀”，她说，“正应该叫我那位瞧上你的大作才对，当然，我一点不懂，不过我觉得已经十分好了。听听他怎么说倒挺有意思，他是我们这儿的艺术家嘛。”

“啊，欢迎，欢迎”，列宾央求说，“能给他看，我可太高兴了。”

可爱的老太婆，那个模特，她不光天天早晨给列宾买来 3 戈比的黑面包，而且还想着把它在炉灶上烤热，喝茶时送来的正是香气喷喷、切好的一块块美味热面包片，使列宾感到自己从来没吃过这样好吃的面包。黄昏时分，老太婆走来轻声细气地说："房东亚历山大·德米特利耶维奇·彼特罗夫想知道，现在能到你这儿来吗?"

"啊呀，当然，当然"，列宾慌起来，"请吧，请吧，我已经恭候好几天了……"

门口出现一个非常谦逊、和蔼可亲，带着怯生生神色的人。他穿着皮毛镶边的长袍，头发棕黄，蓄着小连须胡。

房东的光临使列宾兴高采烈，请他坐下，给他端茶，顺便拿东西盖住自己吃的黑面包片——列宾感到惭愧。

轻轻咳嗽几声，柔和的嗓音里显示拘束，他谦和、审慎、用极其诚恳和同情的态度，开始询问列宾的计划、愿望和所能指望的物质来源。列宾感到，他想的问题如此严肃，具有如此无法回避的重要性。他怀疑自己是否犯下了一个不可饶恕的错误：把做不到的幻想当成可能实现的事来办，如今自己想赶快回去，趁早回转楚古耶夫，在目前还有可能回家的时候………

"嗯，嗯，就是这些，没有旁的问题哪？你已想到这里来啦，怎么想到这里来啦！不，老弟，不必这样，你已经干完了你一生中最重要的事情，你越过了卢比孔河。"列宾知道恺撒横跨卢比孔河这段故事，卢比孔河是古时南阿尔卑斯高卢与意大利之间国境分界的河流。公元前 49 年，朱里·恺撒不顾元老院反对，率军队越过卢比孔河，首先在意大利发动内战，终于夺取了罗马渡河时，恺撒曾慨然言道："有进无退。"后也以此比喻采取义无反顾的决定性步骤。这个令人信服的伟大真理，现在从这个文质彬彬的谦逊人口中说出来，叫列宾感到无限高兴。他认真思索起来：打心眼里说，我是无论如何也不愿意从彼得堡退回老家去的。我对彼得堡的兴趣正在每分钟地增加。

亚历山大·德米特利耶维奇慢慢地问列宾读过些什么，知道些什么。

"嘿！怎么？你没看过《伊利亚特》和《奥德赛》？好吧，那你就应该从这两部书入手。不必忙着去找，这种书眼下你也买不到，我借给你，不妨你仔细读读。我孩子们有这部作品。"

列宾和这位头发棕黄的谦逊长者交谈愈深，对他怀的敬意也愈大。他在物质方面的清贫显而易见，但贫穷并没有把他束缚起来，而是远远退在背后，他是个严肃认真的人，对生活中最重要的现象有深刻的理解。这点很容易感觉出来，这使他变得崇高。他仿佛不是来自这个尘世。

"对啦，给我看看，给我看看，你是怎样描绘我们的老太太来着。我家里的人在那儿特别夸奖你呢。”

列宾把画拿出来。

“好，你已经画得挺好，你还有什么害怕的地方？用不着，一点也不用怕，你前途无量，当然，暂时你得稍稍忍耐，因为还没有人知道你，你去过爱尔米塔会美术馆没有?”

“没有，这很难。听说，上那去需要门票，还得穿燕尾服。”

“嗨，并不像传说那么可怕，穿燕尾服是老早以前的规定了。你无论如何要常去开开眼界，这对一个画家非常重要。我给你介绍几个内行，叫他们领你去。薛沙在绘画学校念书，让他领你去买门票。年轻人，你现在是背水一战，绝不能打退堂鼓！对，目前，你最好先进职业介绍所附设绘画学校，那儿一年交 3 卢布学费。校址在市场附近，皇宫大桥对面。”

一席话说得列宾心花怒放，满怀希望，很快便在绘画学校报名注册。但这儿上课时间每周只有两个下午，外加星期日一个早晨。而美术学院每天清晨到晚上 7 点，一直不断都有课。

列宾犹豫再三，最后鼓起勇气走进美术学院，打听入学有什么手续。

列宾终于怯生生地走进了学院阴森森的走廊，门上挂着那些“院长”、“教务长”的牌子使他忐忑不安。他觉得大概“教务”还不那么可怕。没想到就是这个外表道貌岸然，内心却冷若冰霜的官僚几乎堵死了他进美术学院的道路，和美术学院教务长的第一次谈话，在他心里留下了疑惑的阴影。

列宾把装着他少年时代习作的口袋交给教务长。一张画的是他小的时候学习过绘画基础的楚古耶夫测绘学校校舍，还有一些栩栩如生的人像素描，全都是以家里人和邻居为模特儿，画得从容自信。

李沃夫草草地翻看一下，然后以不容反驳的口气说：

“进美术学院，您还太早。您的画线条不清，构图也不好。”

此时，他又一次听到了“线条”这个怪词儿。（客观地说，排线条是素描练习的重要技法之一，但并非是品评一件作品的唯一标准。）第一次提到这词的是在美术学院学习过的画家彼尔桑诺夫，这位同乡往楚古耶夫写家信时对乡亲们讲过，他的同学们画画如同“印刷”一样，线条细腻清晰。当时列宾就没明白这话是褒还是贬。正是彼得堡美术学院毁了彼尔桑诺夫，他的才能在那里干涸了，回到家乡时几乎变成了疯子。

列宾在家乡楚古耶夫没画过石膏像和人体，而且根本不懂得所谓“线条”和经美院认可的经典素描不可侵犯的规范。如今又是这个“线条”堵死了列宾进美术学院的大门。年轻的他遇到的是彼得堡显贵的傲慢与偏见。

难道列宾的理想就这样破灭了？难道就这样再回到楚古耶夫？回去爬教堂那高高的拱顶下的脚手架，画基督、画圣母、画天使，当一辈子圣像画匠吗？不！列宾要先读绘画学校，然后再考美术学院，实现自己的理想。

绘画学校的校长是季雅科诺夫，老头身材颀长，头上白发苍苍，活像圣经上的“万军之主”。他神情威严，迈着稳重的步伐，从校长室走出来时，教室里的人都屏住呼吸，一齐朝他转过头去。

教师蔡尔姆的几张素描挂在墙上，绘画的技术高超，画得干净利落，大概，彼尔桑诺夫写信谈的就是这类素描：“素描就跟印出来的一般。”

但列宾禀性难移，力求表现出石膏模型的体积，不注意表画效果。

鲁道尔夫·茹科夫斯基老师走到列宾后面：“你从前在

哪儿学的画？”他问列宾。“在楚古耶夫”，列宾回答，“不过像这样在纸上画素描还是第一次，我们在那儿主要是画圣像。”

过一会，他和蔡尔姆老师一起走过来，“不错，”蔡尔姆说，“一眼就看得出来，他画过油画，掌握漂亮的铅笔技法恐怕很困难，瞧他涂的阴影多脏，多没条理。”

在石膏像和头班学素描不久，圣诞节就到了，学校放假，班上同学的作品全部交到事务员处。作为试卷等待评分。

过节以后，同学们回到学校，蜂拥到排行榜前找自己的素描成绩。

列宾也挤了进去，但怎么也找不到自己的名字，他的心里像开了锅似的翻腾起来。他一点也不明白，为什么被刷了下来，画面太脏？不会涂阴影？

大家乱哄哄地寻找自己的姓名，议论纷纷，列宾伤心得差点没有流出眼泪，最后忍不住问一个和善的小孩：

“你知不知道，为什么榜上没有姓名？还能补考吗？”

“我不清楚，”他回答说，“大概因为素描的成绩太差吧。你问这个干什么？这榜上没有你的姓名，你姓什么呀？”

“我是列宾，我才来不久……”

“你怎么啦！列宾不是头一名吗！”

列宾以为他拿自己开心，又走到嵌在红木玻璃框里的名次表跟前。第一个写得清清楚楚是“列宾”。

“也许还有另一个列宾吧？”列宾还不放心。

“说不上”，他回答，“事务员正在发卷，画上都有老师评分时拿朱笔批的名次。”

列宾要回自己的卷子，他简直不敢相信自己的眼睛。在他的卷面上，有笔锋遒劲的花体签名“鲁道尔夫·茹科夫斯基”，名次为第一名，写这个字下笔用力过猛，有铅笔折断留下的痕迹。

一大群不大相识的孩子围着列宾，爱不释手地看着他的画，这时挤进来一个年龄较大的同学，平时，他总本能地背后摆动自己一只干瘦的手，像一条鱼的尾巴。

他拿过列宾的素描，伸手放在离眼睛较远的地方，摇头晃脑，像保护人似的周身打量列宾。

“在这所学校，你没有必要再待下去了。我要是有你这种本事，一定上美术学院参加考试，进那儿做旁听生。手续很简单，只要向监督提出申请，通过石膏头像素描的考试，剩下的便是每年交 25 卢布的学费。你可以天天画石膏像，很快进入人像写生组。每 4 个月参加一次奖章竞赛，最要紧的是，那已经用油画画模特，每月按题目，自己布局构图画草图。”

他这番描述，说得列宾的心里热烘烘的。

“话不错，”列宾说：“可我上哪搞 25 卢布呢？这是大数目的钱……”

“你真傻！好好打听打听，想办法认识一个以保护人自居的将军，奖励艺术委员会的会员，他们喜欢利用年轻人来沽名钓誉：瞧，某人是我保护的哟！见了你，只要他不是白痴，事情一定能成。在美术学院，你也会是佼佼者。”

列宾像长了翅膀似的飞回寓所，恨不能立刻把成绩告诉房东，那位建筑师朋友。

“我可以见亚历山大·德米特利耶维奇吗？”列宾敲着门。

“嗯，嗯，谁呀？”屋里传出建筑师的声音。

“我，列宾。”

“学校里情况怎样？”

“我正飞跑回来告诉您，我得到了第一名。可是我纳闷这第一名来得奇怪，希望您作为艺术家，给我解释一下真相……"

"原来这样！快，给我看看画。"

"你瞧：画面很脏，有多处擦抹的痕迹。我还没有学会涂阴影呢。"

"等等，等等。你瞧见没有，整幅素描特征鲜明，层次分明，很有立体感，而最大的优点是你对物象有惊人的敏锐感觉，从画中可看出，你下笔准确而且感情充沛。至于涂阴影，那种松散整洁的线条，如今已过时了。关键是要抓住对象的本质，而不是表面效果，娜斯茜卡！娜斯茜卡，快来看，我们未来的画家在学校名列第一！"

活泼的娜斯塔西雅·彼得罗芙娜，边放衣袖边走进来。

"恭喜，恭喜。我可是总跟孩子他爸念叨，瞧着吧，我们的房客有朝一日准会当上教授！"她响亮快活地笑着。"画得真好！瞧，我说得不错吧，我是个讲实际的女人，你当上教授那天，千万可别忘了送我一磅压紧的黑盒子啊……"

列宾被意想不到的第一次成功所鼓舞，于是下决心去报考美术学院，结果他考中了，但只能作旁听生。也就是说，他要交 25 个卢布的学费。列宾已一贫如洗，哪里有那么多的钱，唯一的办法是求人赞助。

当时，在彼得堡住着一位富豪普里尼会科夫，他是一个身居要职的将军，现任邮政大臣。他喜爱艺术，收藏绘画，并且资助过一些贫穷的画家。列宾决定忍受痛苦和屈辱去找他。

将军的厨娘叫塔季雅娜·费多托芙娜，曾作为一名香客去过楚古耶夫，在列宾家住了一个冬天，相处很好，母亲曾写信请她关照儿子。列宾靠着这层关系，从后门进去见了厨娘，她马上跑出来用最悦耳的声音亲切向列宾问候，还嗔怪列宾为什么一直不去看她。铺有台木的小木桌上摆出了热气腾腾的小面包、美味的奶油和咖啡。列宾和她坐下来，慢慢回忆着奥西诺夫卡村，那里的人以豌豆做咖啡的代用品，喝不到这种真正的外国饮料，连咖啡壶，当时也是塔季雅娜·费多托芙娜带到列宾家的，这些人压根就没见过这种东西。

谈到末了，厨娘表示把列宾的情况呈报给将军大人，并再三叮嘱列宾要常去看她。

不久列宾从市邮政局收到她的一封信。她通知他必须在当天 9 点半钟去见将军大人。

列宾激动得几乎喘不过气来，手上流着汗水，不断地颤抖。他走过长长的走廊，来到一个大厅，等候将军大人的接见。大臣年过花甲，穿着红翻领深蓝色的长礼服，随着将军的到来，一股高级雪茄和香水的混合味道也一齐飘进大厅。

列宾根本没有想到，将军会把手伸给他，他没去握这只手，而是轻轻吻了一下，就像过去在教堂里吻大主教的手那样。可以说将军掌握着这个年轻人的未来，他若能给25个卢布，列宾就能交上美术学院的学费呀。

将军在不停地提出种种问题之后，终答应如数付钱。列宾欣喜若狂，伏下身去，吻了一下天鹅绒服的下摆，激动得泪水夺眶而出。

他顺着不透阳光的走廊一口气跑了出来，呼吸着外面的新鲜空气，这回也可以进美术学院了，尽管他不愿再考虑他所蒙受的屈辱，可是，有关这一时刻的记忆都十分顽强。直到晚年列宾都难以忘怀。

进彼得堡美术学院读书以后，列宾又碰到教务长李沃夫，这位先生气得几乎发狂，并以鄙夷的口吻说：

“是啊，学费你是交上了，可你只能是个劣等生。”

列宾在后来的生涯中，发奋用功，以优秀的作品做出了有力的回答。

美术学院

经过多少年的朝思暮想，痛苦失望，列宾终于进入了梦寐以求的美术学院，能够学习渴望已久的课程。

科学课程吸引了列宾，根据1859年的章程，美术学院的科学课程共开6年，分3个单元，每单元2年。在美术学院的办公室，列宾赶快抄下课程表，教授的科学课不是天天都有，时间安排在早晨8点到9点半，下午3点到4点半，第一堂课是托马斯教授讲画法几何。

天还没亮，列宾就从住所动身，借着街灯一路走来，摸索着穿过昏暗的学院走廊，走到教室，室内空间很大，只有两盏挂灯，一盏照着讲台和黑板．一盏照着学生的位子，列宾坐在头排。教授脸刮得精光，身着礼服，迈着稳健的步子走向黑板。教授画图时由于用力过猛折断了粉笔。教授的声音洪亮悦耳。

“直角三角形直角边，等于对角除正弦乘斜边，或旁角除余角弦乘斜边。把这个定义抄下来，它对我们继续学习很重要。”

列宾认真地听教授讲课，记笔记，学院的科学课他一堂都没有放过。

列宾不仅有超群的艺术才能，而且还有许多其他特殊品德，罕见的求知欲就是其中之一。正因为这样，他这个外乡的自学者才得以成为博学之士。

各门课程他都认真对待，列宾要获得一切学科的丰富知识：历史、文学、数学和解剖，他从不缺课。

科学基础在美院是新开的课程，以前美院招生对象是立志只学艺术的人。有的人在美院学习多年，学习素描、油画、雕塑，但到头来，没有人懂得科学。

在绘画课堂上，列宾见过那些“大胡子学生”，只要每年付 9 卢布，便可以长期在美院待下去，有些老学生混了 12 个年头，才升入石膏人体班。他们只顾画画，却都鄙视科学。把年轻的学生叫“小中学生”，而列宾和同学们都很清楚，单纯掌握绘画技术，没有渊博的知识，不可能成为大艺术家。

美术学院是一所民主气氛较浓的学府。在这里，农民的儿子可以和穿着笔挺的将军的公子同堂听课，平民出身的穷人可以和名门望族的子孙并排坐在一起画模特儿。

自幼就从一个校门进入另一个校门的年轻人接受知识

比较容易，出身贫寒的列宾从外乡教堂执事那里学到的东西和在中学里多年能学到的知识不能相比，但是这位来自楚古耶夫的圣像画匠却有一副倔犟的性格，这是那些念完美术学院还离不开父母庇护的学生不能相比的。

列宾拼命地填补自己知识上的空白，除了学院的课程之外，他孜孜不倦地大量阅读。渐渐地，他对荷马《伊利亚特》的雄伟壮观，莎士比亚暴风骤雨式的悲剧激情和涅克拉索夫诗篇的崇高公民热情有了欣赏能力。

欣喜若狂过后，随之而来的往往是失望，并非所有的教师都像年轻的列宾在楚古耶夫所想象的那样好。

物理和化学教授拉甫洛夫受到学生们的普遍爱戴，而美术史教授哥尔诺斯塔耶夫却是众人讥讽和嘲笑的对象。古代史教授西顿斯基学究气十足，讲课单调乏味，拖泥带水，连他本人在讲台上也是昏昏欲睡，尽管如此，列宾还是把他讲的有关神秘的埃及做了详细笔记。

上解剖课时，教室里空空荡荡的，学生寥寥无几。教师也并不感到难堪，若无其事地把人的骨骼摆到讲台上，眯缝着眼睛，环视着一排排的空板凳，然后举起一块骨头，说：

“先生们，这是肩胛骨，肩胛骨分上肩胛和下肩胛。”

一般的学生听这样枯燥的课很难坐住板凳。但列宾学习起来十分认真，他深知对于一个画家，掌握解剖知识无疑是至关重要的。

学院逐渐进行一些革新，它废弃一些陈腐的教学方法，裁掉一些不求上进的人。但这一切来得十分缓慢；根本无法满足年轻好学、富有才华的学生的要求。

神父伊利亚·杰尼索夫因为学生们对他不礼貌而大伤脑筋，他给学生讲神学和教会史，只是照本宣科。偶尔也抬起头来看看学生，当他的目光落到寥寥无几的听课者身上时，他就抱怨起来：

“你们哪怕轮班来听课也好！”

列宾不仅要补理科课程，学习绘画，构思草图，每天还得考虑到哪儿去挣钱糊口。

只有少数几个人知道，这个头发松软漂亮，面庞顽强刚毅的青年，为了能有几支铅笔，为了能聚精会神地画模特儿，不得不在天亮之前，在铁皮房盖上爬来爬去，为人家刷红铅油，有时下课之后，他就站在有钱人的车棚里，给马车刷新颜色。

很少有人想到，列宾的生活如此穷困潦倒。只有几个要好的同学了解他的境况。他们总是设法给他找些画肖像的活儿，他谁都肯画，无论报酬如何菲薄。他深深懂得为了实现将来能成为一个真正画家的志向，今天无论遇到什么样的困难，都得创造条件，坚持学习。

列宾在彼得堡美术学院度过了漫长的8个春秋，期间，他的绘画技巧不断提高，他的思想也逐渐成熟，他是在矛盾重重，同学之间相互排斥下成长起来的。

在美术学院，列宾学习素描、油画、透视、解剖和构图规律。他是个刻苦用功的学生，因为他深知，不扎实地掌握这一系列的基本功，就不可能成为真正的艺术家。

在美术学院的高墙之外，塑造他的是19世纪60年代的俄罗斯现实。在历史的激流中，列宾把握住了自己。

朝气蓬勃的青年们从俄国的穷乡僻壤来到彼得堡，冲击着死气沉沉的画室，给当时的画坛带来了清新的空气……

在俄国，古典主义的形成比欧洲整整迟了一个世纪。古典主义艺术大大地丰富了俄罗斯造型艺术，巩固了素描基础，加强了对构图学的规律和理论的分析，发展了历史题裁，促进了主题性绘画的形成。在历史上有其进步意义。随着历史的发展，一切艺术样式都有其自身发生、发展、衰落的过程，而被新的艺术样式所取代。美术学院却让学生继续遵循古典主义的原则，表现圣经故事和古代神话，远离现实生活，躲在象牙之塔中。

列宾在楚古耶夫饱尝了生活的辛酸，受尽了纳税阶层的苦难，并且亲眼目睹过穷人在长鞭下惨死的情景。他从早年就看到了生活的凄惨真相，痛苦地探索着使艺术和生活接近的途径。鲜血淋淋的长鞭和庄严肃穆的神袍，怎能同时并列于他的心中？

当时，彼得堡的大学生和进步青年正为当局迫害、流放伟大的民主主义者车尔尼雪夫斯基（1828—1889）而义愤填膺。他是著名的学者、作家和文艺批评家，提出了“最美的是生活”这一美学主张，后来成为巡回展览画派的创作原则。

这种气氛很难同学院提出的以圣经故事和神话传说为题材的命题创作相一致。

每个月，学院在根据布置下来的题目所作的草图考试后，陈列出近百幅作品，经委员会品评后，列出优胜名次，每年举行 3 次考试，还要颁发奖章。

但自从 13 名参加竞赛的应届毕业生退出学院以后，对布置题目这个制度的反对浪潮已越来越高，结果，出现了讽刺题目的学生的漫画。

有一次的题目是《死神杀害埃及头胎婴儿》。

列宾引人入胜地实现了这一构思。他决心要使这一题材具有深刻的现实意义，表现死神天使夜里飞到光着身子睡觉的婴儿身边，掐住他的喉咙，用膝盖抵住受害婴儿的腹部，眼睁睁地把婴儿杀死。

同学们非常喜欢画稿的魅力和表现方法，可是一致认为评审委员们不会给予肯定的评价。当画稿从展厅摘下送走后，大家都确信，他会因为画得过于真实而受到严重警告。列宾也担心由于自由思想而取消他正式学员资格，降为旁听生。

校方的反映是：既然天使是神，他只要轻轻一点，就能致人死地，用不着费那么大力气。列宾的画稿最终被允许参加奖章竞选。他完成以后被授予二级银质奖章，同时还标志着他获得了自由艺术家的称号。对列宾来说，这是一件意义重大的事情。

到彼得堡之后，列宾还一直被迫以楚古耶夫军屯户的名义缴纳税金。也就是说，任何一个上等兵只要心血来潮，就能对他施以肉刑，禁止他上学念书，蛮横粗暴地摆布他的命运。

亚历山大一世主张的军屯制度残酷至极，列宾回忆说："这种教育方法归结一点，就是用长鞭待人。这种野蛮的手段使自由哥萨克的后代沦为奴隶，法定他们戴上农奴制的桎梏。"

列宾离开楚古耶夫时，军屯制度正趋衰落. 可他仍是军屯户纳税人。由于得到了自由艺术家的称号，列宾才第一次感到自己和同学是一样的人。

列宾生来体质不佳，如今，既要拼命学习，又要挣钱糊口，过度的疲劳使他开始感到体力不支了。

于是他鼓起勇气，向学院董事会提交出第一份奖学金申请书，未来的画家写道，自己在学业上已有长足进步，申请奖学金已并非非分之想。

可学院董事会认为理由不充分，拒绝了他的申请，尽管后来他又曾多次提出申请，也都遭到了同样的厄运。

结果，列宾依靠个人努力，画大量报酬菲薄的肖像，外出兼课。列宾为实现自己的远大目标而节衣缩食，精打细算，养成了勤俭的习惯。

有一次，在石膏像教室，同学尼古拉·穆拉什克走到列宾身旁，悄声对他说：

"听说今天出了什么事吗?"

"没有。"

接着穆拉什克低声地讲述了有人在夏园里谋杀亚历山大二世的经过。

几个月后，即 1866 年 9 月 3 日，人们成群结队向刑场走去，他们要最后再看一眼刺杀沙皇的革命者卡拉柯佐夫。列宾也在这一行列之中。年轻的列宾挤到离车上的卡拉柯佐夫很近的地方，通过仔细观察，敏锐地记下他的面部表情。

不久之后，列宾轻轻几笔就勾勒出就义者大义凛然、视死如归的形象，这幅素描有着非凡的表现力。

刑场的情景使朋友们大为震惊，久久不能忘怀。一个礼拜之后，在风和日丽的 9 月清晨，他们一同外出郊游。朋友们急不可待地朝传说埋葬卡拉柯佐夫的地方走去。他们没有想到，一小块微微松动的土地竟成了革命者的坟墓。

一个穿着衬衫的人迎面跑过来，直到此时他们才恍然大悟，原来有人监视着死者的坟墓。

这人再次从小屋走出来时，已经穿上了警察制服。他严厉地盘问他们干什么来了，接着把他们带到了警察分所，这时大家才明白：大祸临头了。警察把列宾一行押送到瓦西里耶夫岛上的警察分局，局长用一双呆滞的眼睛盯着他们：

“干什么的?”

“美院学生。”

“到哥洛达耶夫干什么去了?”他口气严厉地问道。

“我们常到城郊画速写，哪儿都去，看到好风景就画。”

“奇谈，一片沼泽地有什么好画的?”

“沼泽地也有它美妙动人之处啊。”列宾说。

局长霍地转过身来，对一个警察说：

“调查一下。”

那个人盘查一番之后，做了记录。然后一个挎枪的警士把列宾等人带到另一个地方。

桌子后面坐着一个长官，小个子，长着棕黄色的胡须，鼻子上架着眼镜，他眯起双眼，脸上掠过一丝苦笑，然后用不容分辩的口气低语细声地诱供道：“想看一看卡拉柯佐夫的坟，嗯?”

折腾好一阵子之后，警士带着记录本把列宾他们带回美院。因为是假日，学院里没有课，警士把他们领到舍监维尔·阿列里塞耶维奇·契尔卡索夫那里。舍监证实了列宾等人的身份，详细询问了事情的经过，给分局写了回条，然后说："你们可以走了。"

朋友们疲惫不堪地回到列宾的屋子，刚才的遭遇使他们精神恍惚，个个沮丧地倒在床上，一声不响。良久之后，穆拉什克从衣袋里掏出一打违禁照片：波兰起义者，车尔尼雪夫斯基和其他被处死或被流放的革命者。如果警察发现这衣袋里装着这些东西，美院的学生就休想这么快地获释了。

这一事件对列宾的成长产生了巨大的影响，卡拉阿佐夫之死促使他画出了气势磅礴的绘画。警察局的审讯和臭气扑鼻的监所使列宾积累了真情实感，这些体验帮助他创造了不朽的作品。所以说，列宾在美术学院之外也在完成着自己的事业。

1867 年，列宾在离乡 4 年后重返故里，他又回到了楚古耶夫郊外的奥西诺夫卡村，那里有他熟悉的小木屋、仓房和装在双轮车上的水桶。

妈妈苍老了一些，可还是那么善良，那么疼爱自己的长子，看到归来的儿子，她流出了高兴的热泪。

那年夏天，全家到楚古耶夫拍了照片。塔吉亚娜·斯杰潘诺芙娜幸福地坐在儿子们中间，大儿子投身于美术，小儿子醉心于音乐。

伊利亚·列宾已不再是4年前乘坐四轮马车从哈尔科夫去莫斯科的小男孩了，他蓄了一头长发，戴着礼帽，衣着雅致，几年后他的绘画有了长足进步，令乡亲们惊叹不已。

楚古耶夫附近有一个叫基什齐的村子，那里的教堂去年冬天往首都发出过一份圣像订单。当地的神父们想用彩色圣像装饰他们的教堂，于是就找上了他们熟悉而且在彼得堡美术学院学习的画家。列宾在首都完成了整批订货，这次把圣像带了回来。

列宾在基什齐整整住了一个月，又一次爱上了自幼熟悉的大自然。北方的风景沉闷，南国的色彩使他感到格外轻快。他欣赏那明朗的蓝天，沉醉于乌克兰夜晚那雄伟壮观，但又静谧宜人的美景之中。

看着给基什齐教堂带来的晦暗圣像，列宾吃惊不已：在南方画的东西应该色调鲜艳悦目，使在北方画的一切平庸之作黯然失色。

在新的感受中，他认为自己应该研究大自然。整个自然都是妙笔生花之作，过去没有留神天上的美丽云朵，注意的只是灵巧自如的勾勒，神奇娴熟的笔触，这里的天空色调明得令人吃惊，而且不仅天空是这样的，一切的一切都是这样明快。

在基什齐，他怀着极大的兴趣，多次到草场麦地里去，仔细观察色调明快的风景，体察家乡的生活。

列宾把南方大自然的色彩给他带来的狂喜心情，倾注到他为家人画的肖像上。

列宾让弟弟坐在椅子上，给他画了幅油画肖像，小伙子穿着鲜红的衬衫，头发蓬松浓密，湿润的嘴唇微微张开，面部画得生动活泼，洒脱自如。

母亲的肖像，鲜明概括。列宾长于在模特身上捕捉主要特征，舍弃多余的细节。这种概括的语言和俄罗斯圣像画的优秀传统是一脉相承的，给人以丰满充实之感。肖像的面部表情和蔼可亲，双眼炯炯有神，列宾在描绘母亲的画面上，表现了他作为儿子的全部情感和尊敬。

回到学院后，他以更加饱满的热情投入了创作。

1868 年他参加了金质奖章竞赛。这也是学院的命题创作。

院长布鲁尼看过画稿《第奥根》之后提出的意见，使列宾哭笑不得：

“您的画太俗气，尽是些实在的、普普通通的树丛，简直跟彼得罗夫大街上的一样。石头也是那里的，这些东西太多余，有损人物形象的高雅。这样画风俗画还可以对付，可是在历史画上就是特大的败笔。您最好去一趟艾尔米塔什博物馆。那有一幅法国古典主义画家普桑（1594—1665）的风景画，把您这幅用得上的部分临摹下来。历史画上的风景也应该是有历史意义的……”列宾勉强听完院长的说教。他的作品完全是现实地反映个人灵感的结晶，他怎么肯去照抄别人的东西呢？抄袭是对艺术的亵渎！

学生没听从院长布鲁尼可笑的忠告，这样，《第奥根》搁浅了。这幅没有获得奖章。

这是他第一次重大失败，画布太大，屋子里摆不下，列宾把画布剪成碎片，付之一炬，浸满油彩的画布烧得很旺，很旺。

和学院顽固守旧势力的斗争不可能一帆风顺。画家内心中孕育着学院的画框容纳不下的形象，这些形象问世时机尚未到来。

坚持把美院读完并非易事，在忍受精神压力的同时，还要每天为糊口而焦虑，有段时间，他放松了学习，一向勤奋好学的列宾理论课落后了，于是，训诫、警告接踵而来，还多次威胁要把他开除。列宾生来脾气暴躁，一怒之下险些弃学，好心的教务秘书伊谢耶夫开导他：“正是你列宾才应该好好学完这里的课程，不为你这样的年轻人，开办美术学院还有什么价值。”听从了这一劝告，列宾更加奋发图强，通宵达旦地学习起来。

1868年春，最后一次作品竞赛临近了。还是命题作画，题材选自窒息灵感的圣经故事《约伯及其三友》。这次竞赛十分重要，因为只有通过它，才有资格去争取全体同学梦寐以求的大金质奖章，进而公费出国6年，进一步深造。

列宾克制着内心强烈的反感去作画，全力以赴地干了一年，每天废寝忘食，不分昼夜。他不停地画实物、画草图，既要再现真实，又要造成虚幻的意境。

在美术学院的画展上，列宾的作品获得了奖章。通过他的作品可以看出这位美院学生已显露头角，构思、用色独具一格。

益友良师

列宾性格有一个明显的特点就是平易近人，他善于结交一些有趣的人，并和他们保持十分密切的关系。从少年时代起，直到年过花甲，一直都是这样。

同学们的出身和教养各不相同，但对艺术的热爱使他们互相接近起来，大家都立志为艺术贡献终生，当时美术学院是各民族、各阶层天才荟萃的圣地。

同时入学的同庚人，在美院昏暗的走廊里，在教室门口相识了。过堂风不停地吹，昏暗的烛光照着狭长的走廊。学生们早就挤在教室门口，都想先冲进去，占一个好的位置，以便画具放到靠近模特的地方。

列宾同波列诺夫就是在拥挤得喘不过气来的教室门口认识的，他们的友谊保持了一生。他们两个总是一起挤到靠近模特的位置上，凳子不够用，就从院子里搬来劈柴代用。尽管坐得很不舒服，两腿蜷曲，画夹得放在双膝上，可这样的位置也得经过一番鏖战才能到手。这些位置画模特很有利，模特的轮廓清晰，明暗分明。

波列诺夫中学毕业后上了大学法律系，同时还在美术学院听课。他知识渊博，酷爱艺术，和列宾一见如故。

他母亲是艺术家，父亲是图书学家，妹妹后来也成了著名的艺术家，列宾在这个家庭中找到了他多年梦寐以求的知识分子环境，找到了知己，正是在这里列宾认识了画家、美术教育家——巴维尔·彼得罗维奈·契斯恰科夫(1832—1919)。美院的教授们对波列诺夫美术技巧的形成影响很小，对他最有帮助的是契斯恰科夫和克拉姆斯柯依。

列宾和波列诺夫的友谊持续了多年，二人一起交流学习素描和油画的体会，一起研究世界艺术珍品，一起参加学院的命题画竞赛，后来又一同出国，周游巴黎、伦敦、罗马、那布勒斯。二人友好相处，相得益彰。

谢米拉德斯基是哈尔科夫大学的毕业生，受到过良好的教育，父亲是位将军。

大学毕业生和教堂执事的学生在知识结构上有着天壤之别。在美术学院，列宾对这位才华出众的同学佩服得五体投地，贪婪地向他学习各种知识，只是很久以后，他才对这墨守古典主义成规的学院派朋友冷淡下来。

科瓦列夫斯基毕业于喀山中学，父亲是喀山大学教授，老师讲的画法几何他早就学过。

沙维茨基来自立陶宛的别洛斯托克，他连中学五年级都没念完，列宾常和他一起画模特儿，作雕塑。

歌尔什科夫是叶尔茨商人的儿子，只受过家庭教育。

年轻的列宾就是和这些同学朝夕相处钻研切磋、取长补短的。但最知心的朋友、莫逆之交是马尔克·安托柯尔斯基。

列宾总想研究雕塑和立体原理，有空闲时间就去雕塑教室。睡眼惺忪的守门人勉强给他一块黏土，指给他一个雕塑台。

雕塑的技术性很强，列宾所知甚少。刚塑出大形，头部就滚落下来，越着急越做不好。

这时一个穿着笔挺的年轻人走进教室，他卷起袖口，解开领带，走到摆着拉奥孔塑像的雕塑台前。他揭开蒙布，用喷子把黏土塑像喷湿，就全神贯注地干了起来。他把黏土捏成小条，熟练地使用刻刀，动作得心应手。

列宾忙走过去，这位使他产生好感的年轻人叫安托柯尔斯基，一个出生于维尔诺的犹太人，从童年起就饱尝贫穷之苦，也是刚进学院的新生。他长着一双目光敏锐的黑眼睛，浓黑的胡须和卷发，像位古希腊的英雄，两个漂泊异乡的孤独者迅速地接近了。

安托柯尔斯基告诉列宾作雕塑时要先搭支架，并帮他用木棍、铁丝做出支架，再用黏土在上面塑头像。

在以后的日子里，列宾不愿回自己孤寂的阁楼，他晚上常到安托柯尔斯基家去。他们喜欢待在一起，二人都酷爱艺术，都很有才华，而且从一进美院就都显得出类拔萃，最重要的是他们都认为：真正的创作应该在某个遥远的地方，和学院的课程、教授们迂腐陈旧的老一套相去万里。

他们一起作画、看书，一起长时间地热烈争论、交流思想。在他们不知不觉互相称“你”之后，列宾就到了同学的家中。

他们经常在晚间长时间地漫步于彼得堡大街上。一次，列宾拉住安托柯尔斯基突然问道：“艺术的目的是什么？究竟有没有目的可言？”他的语气和表情中既洋溢着青春的活力，又显露出对未来的忧虑。

列宾早就对“艺术的使命只是讴歌美，并给人美的享受”这种观点持有不同看法。

他们有自己独立的精神生活，对学院的那一大套丝毫不感兴趣。同时，他们又痛感自己知识浅薄，没有知识就无法实现热爱并向往的理想。

他们回到家中，点上蜡烛，开始看书。一切可能释疑解惑的书籍他们都看，既有当代作品，也有历代名著。他们攻读希腊哲学和保克耳、蒲鲁东和达尔文的著作。

渐渐地，在学院高墙之外，在列宾和安托何尔斯基的周围，聚集起一帮同学。

美院的学生和其他院校的学生经常聚会，他们把这种聚会称为“艺术晚会”，通常轮流在小组成员家里举行。主人保证准备好热茶水和白面包招待客人，在这天晚上主人还是大家的模特儿。

每次晚会大约都有 15 个人左右参加，屋子里灯火通明、茶炊沸腾，大衣、帽子、鞋子放在角落。气氛热烈的讨论经常进行到深夜。

闷热的屋中能听到朗读声，铅笔在纸上写字画画的沙沙声，炭火的噼啪声。画家不放过任何一个写生的机会，想要在晚会上学到更多的知识和磨炼自己的绘画技巧。

列宾在第十次晚会上画了一幅写生，画中的安托柯尔斯基围着一条围裙，他是晚会的主人。

普拉霍夫兄弟常来参加晚会，哥哥穆斯基什拉夫是历史学家和艺术理论家，在大学当教授，弟弟安德里安是大学生，他们换班朗读吸引年轻人的东西：历史、艺术、长篇小说……兴趣十分广泛。

从这批人中又分离出一个关系更密切的小组。同学们几乎天天晚上都到列宾房里聚会。成员有列宾、安托柯尔斯基、安德里安·普拉霍夫、谢斯多人和穆拉什克，他们在学习上都有了长足的进步。列宾把当时画的素描保存在题为《同学和亲人》的画集中。

列宾和安托柯尔斯基在一个屋子里共同生活了两年。安托柯尔斯基在雕塑《宗教裁判所对犹太人的迫害》时，几乎没离开过房间，把一切都忘在了脑后。他满脸胡须，疲惫不堪，睁着一双炯炯发光的眼睛。列宾第一个看到他的雕塑稿，不禁赞不绝口。

完成这一构思，成了安托柯尔斯基的毕业夙愿，到了晚年，他才又回过头来创作青年时代的题材，十分遗憾的是，直到死神夺去他的生命，他也没能达到创作的顶峰。

安托柯尔斯基是列宾艺术发展的目击者，他坚信，有朝一日自己的朋友一定会在艺术上一鸣惊人。

列宾是个天才少年，能够使人一见倾心。了解他的人都愿意帮助他。假如回忆一下所有培养教育过他的人，那就能举出许多天才的艺术家、作家和学者，他们是时代的骄子，每个人在俄罗斯文化史上都占有一席特殊的地位，列宾有幸结识他们，并且和他们成了好朋友。常言道，友谊是互相吸引。和克拉姆斯柯依（1837—1887）的相识就是这样的，他只比列宾大 7 岁。他身材颀长，清瘦的脸上颧骨突出。

克拉姆斯柯依在职业介绍所附设的绘画学校第一次见到少年列宾，当时他在那所学校里任教。一次，他一走进石膏头像班教室，就发现一张陌生的面孔，他站到列宾的身后仔细看着他的素描。

“嗯，不错呀！画得很好！你这是头一回来班上吗?”

由于激动，列宾的嗓子怎么也发不出声音。

克拉姆斯柯依于是详细分析列宾的素描，极其准确地指出错误。最后他告诉列宾地址并邀请他到家中做客。

列宾在沃龙涅什省面罗尼村石头教堂里修圣幛时，就听到过克拉姆斯柯依的大名。村里的乡亲们说当地也出了一个艺术家。他原籍是奥斯特罗格斯克，现在在彼得堡赫赫有名。

列宾早就渴望同这位老乡见面。一天黄昏，他轻轻按了按克拉姆斯柯依的住宅门铃，出来的人说主人没回来。半个钟头后，列宾再次按了门铃。

“晚上好！”列宾说。

“晚上好！哦，晓得，我晓得你已来过一趟，这证明你的性格坚强，不达目的不肯罢休。”主人回答。他刚刚进屋，面带倦色，列宾为这样晚前来造访疲惫的主人感到十分窘迫。一时不知说什么好。

“脱下外衣吧，来，我们一起喝点东西。”

主人的话说得这样亲切随和，就像对待老朋友，列宾的心情马上平静下来。

他们一边喝茶，一边谈话，无拘无束，气氛融洽。主人的倦意逐渐消失了，列宾入神地聆听着有关生活和艺术的见解，看着草图，他深深地受到了震动：我要开始崭新的生活。

从那个值得纪念的晚上起，克拉姆柯依就成了培养列宾的老师之一。他的教诲使少年画家获益匪浅，这非学院那些教授们呆板的说教所能比拟。

列宾是在动摇学院基础的事件发生的前夕到首都的，这事件被称做“十三人造反”而载入艺术史册，学生中对此议论纷纷，各抒已见。列宾有机会从造反者领袖本人那里了解到事件的始末。

19 世纪 60 年代，俄罗斯从漫长的冬眠状态下苏醒过来，随着民主运动的高涨，人们在各个领域寻求着光明，这股奔腾澎湃的浪潮，也冲击着俄罗斯的艺术界，冲击着一向关在家之塔里的皇家美术学院。

往日的美院是一所与外界隔绝的寄宿制学校，入学的常常是官僚、画师的孩子，大多10岁左右。在那儿亦步亦趋按古典主义艺术的程式受教育，与俄罗斯现实生活完全脱节。19世纪60年代，到学院上课的有不住宿的旁听生，有来自各阶层年龄不同的学生，他们大都热爱生活、热爱艺术，有自己的思想。腐朽的罗马理想典范和他们格格不入，这是一种虚伪、浮夸的东西。他们热爱自己祖国的生活，要表现自己祖国的自然风光和人民。在新思潮的影响下，他们开始珍视自己的创作个性，希望建立俄罗斯民族绘画流派。

根据多年来的传统做法，学院的每个学生的毕业创作都要参加竞赛。作品一经选中，就授予金质奖章，获奖者本人可去国外游学6年，以资鼓励。令人遗憾的是，竞选画的主题千篇一律，总是取自圣经。

一伙年轻的毕业生试图打破这种传统。他们共有14个人，后有一人中途退出，鼓动这次反抗行为的就是克拉姆斯柯依。

他们都想描绘自己周围的生活，在他们递交给学院董事会的申请书中，他们提出自选主题的要求。

申请书像一枚爆炸了的炸弹。他们要自由选择题材！画树皮鞋、破皮袄、大车边的农民、歪歪斜斜的茅屋、篱笆，而不画希腊、罗马的神，整齐的柱廊。这简直是抗上作乱！申请书的答复是所有人都应画同一题材，毫无通融的余地，24小时内交出画稿，不得走出画室。

事情急转直下。一不做，二不休。克拉姆斯柯依和朋友们继续斡旋。他们找学院知名的教授，又找了院长。到处都是冷若冰霜的“不行。”有个教授对他们特别傲慢，说什么，若是过去，纵容造反，就得发配充军。

只有一条路了，那就是集体拒绝参加竞赛。克拉姆斯柯依亲自起草申请书。

直到最后一刻，造反者还抱着一线希望，希望学院能改变主意，允许他们选择能够充分显示各自才能和爱好的题材。

但希望终成泡影，身穿将军服装的考试官顽固地据守着堡垒，传统绝不允许打破。

1863年11月9日，学院副院长加加林只字不提申请书一事，发出通知说，为迎接明年校庆100周年，皇家学院董事会议决定，历史画大金奖竞赛题材选自斯堪的那维亚史诗，题目为《瓦加拉宫的观宴》。他又附带说明，瓦尔加拉宫是阵亡将士灵魂游戏休息的地方。古斯堪的那维亚神话中最高的神奥丁坐在宝座上，身旁是其他诸神和英雄豪杰；透过瓦尔加拉宫门便可以看见云朵中有一轮明月，一群狼在追逐。

难道这种神话能给年轻、敏感的心灵以启发？没有灵感，画家又怎能创作？画家心中孕育的是家乡可爱的形象，为什么偏偏要他们去画陌生的异国题材。

13 个人不约而同，一个跟着一个递交了申请书。克拉姆斯柯依代表大家说，他们拒绝参加竞赛，但请求授予他们自由艺术家称号，然后自动退学。

当局打算把学院这件事平息下去，报上禁止刊登有关这一事件的任何消息，13 位造反者从那天起遭到了警察的监视。

为了窒息业已兴起的革新俄罗斯艺术的倾向，学院采取了一切可能的措施。造反行动终于被镇压了，毕业竞赛仍要按老规矩画同一个神话题材。

生机勃勃的生活被阻隔在学院的大门之外，经画中占统治地位的只有裸体的形式美，“纯艺术”胜利了，它堵住了通往“平庸无奈，散漫无稽”的生活道路。

表面上看，“13 人造反”以失败而告终，实际上，年轻的艺术家们对陈规陋俗的大胆挑战使学院的威信一落千丈，他们自选主题，表现生活，为不用画笔粉饰太平铺平了道路。从那时起，在焕然一新的艺术中，表现真实成了不成文的法律，不论这真实是多么严酷。

代表俄罗斯艺术进步倾向的造反者真正取得了胜利。他们要向观众表达的东西很多，他们只是在等待，一旦时机成熟，他们就会站在画布前，凭着良心和智慧进行创作。

这一时刻终于到来了，共同的斗争使年轻的艺术家团结起来，克拉姆斯柯依挺身而出，成立了彼得堡自由艺术家协会，创建了美术社。

在俄国，这是第一个志同道合者的团体，一个闪耀着集体力量的伟大思想的创举。

毅然离开学院这一举动无疑是很冒险的，他们中没有一个人是富有的，如今告别画室，失去了一切经济来源，要靠自己劳动养活自己，继续创作。

为了尽快实现这一诱人的想法，这些造反者首先租了一所很大的住宅，内有大厅，每个艺术家有自己的工作室。

他们搬到了一起，家务事由索菲亚·尼古拉耶芙娜·克拉姆斯卡娅承担。充满劳动乐趣的生活开始了，崇高的同志感温暖着每个人的心。

美术社承接各种美术制品的订货。有肖像、公共建筑装饰，还有教堂壁画。

克拉姆斯柯依对接到的订货十分认真，处处以身作则，一丝不苟，他也要求社内全体成员都要这样。

很快，美术社就顾客盈门，应接不暇了，于是，他们又请学院有才能的同学来帮忙。他们也经常请列宾。

正是美术社，而不是美术学院，培养了列宾的美学观，帮他找到了自己艺术上的道路。

在美术社，列宾接触到了车尔尼雪夫斯基的著作，这本书揭开了俄罗斯美学的新篇章。“最美好的是生活”这句名言从那时起就成了新生的俄罗斯画派的旗帜。在车尔尼雪夫斯基的启迪下，艺术家们不倦地宣传艺术负有重大的历史使命。积极参与生活，做生活的创造者，是车尔尼雪夫斯基的号召：“当然，再现生活是艺术的主要任务，但艺术还常常包有另一项任务：解释生活或者作生活中各种现象的裁判。”

这些思想和列宾的激情十分相似，他和安托柯尔斯基多次谈过这个问题，但车尔尼雪夫斯基说得多么正确呀！为艺术服务是最崇高的公民义务：只有当生活变得理智而充实时，个人的前程才会显得有意义。

原来的住处已不够用了。美术社搬到市中心海军广场。这里有两个宽敞的大厅，可以举办社内成员的作品展览。一到夏天，他们分头外出作画，秋天带草稿回来，有时带回来的就是成品。

那是一些动人的作品，同学们热情洋溢地分析这些作品，提出许多有益的建议。这才是真正的创作气氛，摈弃了一切渺小的个人恩怨好恶，也没有嫉妒和虚荣。大家关心的首要问题是，如何把祖国的艺术推向新的高峰，因此，每个人的成功都是大家高兴的事。

列宾成了美术社的“自己人”。大家对他毫不见外，他们一起听新书朗读，一起欣赏，探讨新的创作，一起讨论各种问题，交流思想。

克拉姆斯柯依经常抽空看列宾在学院作的素描，老师马上就能发现画上的毛病，恰中要害，他讲的道理让人折服，准确无误，学院的教授们简直望尘莫及。尽管克拉姆斯柯依前面没有摆着模特儿，可他却能直接指出学生在什么地方偏离了对象。

克拉姆斯柯依对学生课余时作的画非常注意，只有当列宾独自一人，没有教授监视下画模特儿时，画家的才能才显露无遗。克拉姆斯柯依高度评价列宾的这类作品，认为这些画没有学院派的虚伪轻浮，只要画家把精力全神贯注到模特儿身上，才能画出真实动人的作品。而列宾在学院的作业陷入了千篇一律的公式技法，注意漂亮的高光，细而匀的线条，没有实在东西。

克拉姆斯柯依告诫列宾："你不要在美术学院毁了自己，为了换取学院的知识，付出艺术家的个性。多少有才能的人，结果成了墨守成规的庸夫俗子，变成耍手艺的匠人。"

一次，列宾拿着《洪水》的草稿给柯拉姆斯柯依看。

"怎么，这是你画的？"老师双眉紧蹙，脸上立刻没有一丝笑意，"虽然画面上惨相具备，他不能给人深刻的印象。所有这一切都是别人作品的模仿，聚集成金字塔形的人群，为构图而摆的姿势，矫揉造作的光影，都是十分糟糕的模仿。但一定要抛弃这种方法。"他十分严肃地接着说："你有没有试过绘自己想象出一幅真正的历史图景？合上眼睛，在想象中让它复活，复活后再画出来。先抓住总的情绪，总的调子，画面上的一切都应是自然的流露。”

克拉姆斯柯依的开导使无地自容的列宾茅塞顿开，终生难忘。

从这以后，列宾把每一幅草图和素描都拿给克拉姆斯柯依看，从老师的评析中得到了深刻的教益。

列宾没上过中学，对自己知识上的缺陷早有切肤之感，他走进克拉姆斯柯依的画室说出自己的打算：“我想三四年内暂时搁下绘画，专攻文化知识。”

老师严肃地说：“知识就是力量，只有它才能照亮我们的生活，文化修养是个极其重要的问题。你希望为社会服务，你便应该了解它的方方面面，要做到这一点，你必须是有学识的人。艺术家是社会现象的批评者，不论他画什么，其中都鲜明地反映出他的世界观。没有思想，艺术家是一文不值的，尽管他能画出漂亮的图画，但在社会上不会留下任何痕迹。”

“要是作品中没有作者世界观的投射，不具备深刻的生活意义，不管他用什么形式表现出来，也只是简单的照相。去读读哥德、席勒、莎士比亚、塞万提斯、果戈理的作品吧，他们的艺术，和人类最深刻的思想紧密相连。”

“绘画也是这样，拉斐尔之所以伟大，不只是因为他技巧高明，而是他的画中有圣洁思想的闪光。”

这是克拉姆斯柯依帮助列宾选择了提高绘画技巧边学知识的道路。

克拉姆斯柯依和列宾亲密无间，远远超出了友谊，超出了师生关系。只有当一个慈爱的父亲发现他的儿子有过人之才时，才会这样关心他的命运。

如果说克拉姆斯柯依是列宾的父亲，一个有头脑、体贴入微、严厉而又善良的父亲，那么美术社就是他第二个家，在这里可以自由呼吸，充满了新的思想。

在新的住所，经常有知心朋友参加的晚会。

大厅的中央放着一张大桌子，上备纸张、铅笔、颜料。每次都有四五十人参加晚会，有人当模特，有人即兴作画。

另一间大厅里聚集着音乐爱好者。他们在那里唱歌、奏乐、跳舞。

克拉姆斯柯依总是坐在角落里，在愉快的喧闹声中，和人谈论着艺术问题。

每当晚会结束，都有一顿愉快的便餐。直到很晚，大家才怀着愉快的心情，各自离去。

列宾在美院学习那几年正是美术社繁荣兴旺的时期。

年轻的艺术家们逐渐成熟，羽翼丰满，名声也愈来愈大。他们曾发誓不单独一个人接受美院的任何恩赐。可是，一位艺术家食言了，别人没有对他进行严厉的谴责。克拉姆斯柯依一怒之下退出了美术社。失去精神支柱，美术社不久就解散了。

1870 年，在画家米雅索耶夫的倡导下成立了巡回展览画派，创作思想上遵循车尔尼雪夫斯基“最美的是生活”原则，与人民的现实生活和俄罗斯民族历史有着紧密联系。

它独立于皇家美术学院的美术家协会。画派的形成标志着俄罗斯艺术“黄金时代”已经到来。

克拉姆斯柯依是巡回展览画派彼得堡分会的领导人，后来成了这个画派的精神领袖。

以巡回展览画派为中心团结了一大批进步的画家，每年举行定期的展览，使艺术和群众广泛接触。

画家们要用自己的艺术参加反对社会不公正的斗争，表现真实的生活。

成立巡回展览画派的时候，列宾还在美院学习。但他和那些立志用刻刀和画笔起来进行斗争、追求真理的人们同呼吸共命运。后来成了巡回展览画派的主要代表人物，取得了现实主义艺术的最高成就。

对列宾一生产生重要影响的是风起云涌的俄国现实斗争，以及批评家斯塔索夫，画家克拉姆斯柯依。

辉煌成就

列宾是巡回展览画派的主要代表人物。他的作品广泛描绘了俄国人民的生活，揭露了社会的黑暗，创造了革命者的形象。

一生中他画了几十幅油画，创作几百幅油画肖像、几千幅素描。取得了巡回展览画派现实主义艺术的最高成就。

列宾始终不渝地坚持创作以人民的作用为基调的纪念碑绘画。他的这种素质在最初创作的《伏尔加纤夫》(1870—1873）中就表现出来。

1868 年那个明朗的夏天，列宾在涅瓦河上看到拉平底货船的纤夫以后，这个印象长时间地激荡着他的想象。

一边是河岸上的豪华别墅、衣着华丽的小姐太太，一边是肮脏、衣着褴褛的纤夫。人被当牲畜！残酷的折磨和无忧无虑同时出现在眼前。画家震惊了，仿佛像块沉重的石头压在心头。

这就是第一印象，列宾一直想把它表现出来。通过对比的手法来表现无疑会是一幅寓意深邃的作品。

一天，青年画家费多尔·瓦西里耶夫来看列宾，见到了描绘涅瓦河印象的水彩草图。

“啊，纤夫！”瓦西里耶夫一进门就惊叫起来。“触动了你的心灵，是的，这才是生活！老家伙的臆想虚构怎能和这相比，小姐好像是在野餐，把这些肮脏的人物硬塞进画面，显然为了说教，说教太多了。纤夫就是纤夫，我要是你，我就到伏尔加河去，真正的纤夫在那里。”

列宾立刻就认识到新朋友的话有道理。他早就渴望去伏尔加河，瓦西里耶夫设法弄到了200卢布。

1870年的夏天，列宾和挚友瓦西里耶夫、学院的同学马卡罗弟弟瓦西里·叶菲莫维奇，一起去了伏尔加河。在那里他们跟踪纤夫，领略伟大河流两岸宽阔无垠的平原，深入了解纤夫的生活和习俗。研究拉纤方法，怎样排列才最合理，每个纤夫都能用上力。

列宾进入了纤夫的精神世界，他明白了，为什么可以另谋生路的人甘愿从事这繁重的劳动。他看到，纤夫们热爱自由，宁肯到处流浪拉纤，他们喜欢伏尔加河广阔的天地。

列宾带着在伏尔加河畔画的大量的草图、油画、水彩、素描回到彼得堡。

美院的学业还没有结束，列宾就埋头于这幅画的创作，描绘光天化日之下人类遭受的令人发指的折磨。

1871 年初，《伏尔加纤夫》在艺术赞助协会的展览上引起了巨大的轰动。评论家斯塔索夫预言：列宾是民族艺术的未来。

但列宾自己对这幅画并不满意，他还没能如愿以偿地把要表现的东西画在画布上，于是，画家又连干两年，直到他认为再没有什么可要画的才算罢休。

画面上发生了很大的变化，河的对岸不见了，两岸是无垠的平原，伏尔加河显得更加开阔。

画面上共有 11 个人，有个纤夫以前低着头，双手无力地垂着，忧郁而绝望。

现在他昂起了头，眼睛里显示出巨大的道德力量，列宾要表现的不再是忧郁、苦难深重的人民，而是正在觉醒的强者。

人昂起了头。

如果这个纤夫没能永远抛掉身上的桎梏，那么这一使命，定会由他身后的纤夫完成。这个小伙子，整个身体都显示出反抗精神，他双手正准备甩掉纤绳和十字架。

年轻人右边的纤夫疲惫不堪，正用袖口擦着脸上的汗水，左边的纤夫佝偻着身体，把他放在看来正向自己命运屈服的两个纤夫之间，更加突出了浑身充满反抗精神的少年，他仿佛像一面旗帜，在呼唤人们奋起斗争。

人们可以感受到他身上暂时还沉睡着的力量，并将展示给整个世界。太阳的光芒投射到红衣少年身上，把他从肮脏愚昧的人群中凸现出来。无疑他是未来的希望。

行列中倒数的第二个纤夫，身材魁梧，怒目而视。桅杆上挂着沙俄的国旗，这面专制制度的标志飘扬在宽阔、自由的俄罗斯上空，它正是君主专制桎梏的象征。

《伏尔加纤夫》在维也纳世界展览会上获得了巨大成功。列宾看到这一盛况的同时，也找出了不足：色调画得过火，还残留着很多学院派教条的痕迹，形体主要用暖色风景，特别是前景红黄用得过多。蔚蓝的天空，无论在人物身上，还是在沙滩上，几乎没有任何反映。但不快之余，他感到兴奋。他的劳动，得到了理解、承认，不仅在俄国！在维也纳，在报刊的评论中，他的名字和举世闻名的画家的名字并列在一起。

皇家美术学院院长却惊慌失措，认为《伏尔加纤夫》是对“艺术的莫大亵渎”。他的信仰是生活中冷酷的现实应摒弃于艺术大门之外。

交通大臣杰列诺依是俄国制度的卫道士，从任职角度出发，感到本人受到了莫大的屈辱。大臣指责画家缺乏起码的爱国精神。除了破衣褴衫和落后的运输方式，大家在年轻画家轰动维也纳的绘画中没看到别的。

1873 年，美术学院考虑《伏尔加纤夫》自展出的第一天起获得的成功，授予列宾维瑞——勒布伦金质奖章。

同年 5 月至 1876 年冬，列宾获得公费去法国进修，游历维也纳、罗马、威尼斯、那布勒斯、伦敦，进一步开阔了眼界，提高了油画技巧。他给妻子、女儿、屠格涅夫、报童、渔民姑娘、黑人妇女画肖像。

在《巴黎咖啡馆》这幅油画中，以画家敏锐的观察力，表现了典型的巴黎人。人物栩栩如生，有血有肉。1876 年列宾全家回到俄国，开始了他创作上的盛期。

回到故乡楚古耶夫，生活在人民中间，列宾去集市、客店、饭馆，参加乡间集会、婚礼宴庆、宗教礼拜，访问老朋友、新相识，以极高的热情画下从小就熟悉和喜欢的东西。

俄罗斯人民的形象，各种类型的农民、小市民、僧侣是他最感兴趣的，比他对外国人的感受更确切、深刻，列宾从根本上了解他们的处境、他们的思想。

在下层人民中生活的一年，使他脑子里产生了一些深刻的创作构思。决定了他创作高峰时期的到来。《库尔斯克省的宗教行列》、《查波罗什人复信土耳其苏丹》、《宣传者被捕》等作品，主要都是产生于楚古耶夫的生活。

《胆怯的农民》（1887）、《祭司长》（1887）的作品中的人物，都是画家所熟悉的，但这些画却不以他们的名字命名。列宾把们的看成是农民、僧侣的典型人物。

在《胆怯的农夫》这个干瘦、头发散乱的形象中，列宾表现了农夫内在的力量和极其复杂的性格。农夫缩头、驼背，有一种受压迫而不敢反抗的感觉，但他心里并不平静，双眼流露出憎恨、勇敢与智慧。

可以说《祭司长》是列宾在楚古耶夫画得最成功的作品。这幅画的模特，是他的老乡伊凡·乌拉诺夫。列宾在写给克拉姆斯柯依的信中提到过他。“这是一个很有意思的人物。他是《祭司长》中的典型，神职人员中的狮子，他丝毫没有心灵——他只是一团肉，只是一头愚蠢的狮子，——没头没脑的狮子，就像宗教仪式那样，有吓人的样子。”列宾通过基督教的《祭司长》的面貌，表现了斯拉夫僧侣阶层性格粗暴、妄自尊大的典型特征。这是一张有浓黑眉毛、酒糟鼻子与大胡子的放荡、专横的人的面孔。他块头很大，极其粗野。这张画的造型坚定，色彩极为丰富。

这幅作品的绘画语言比《伏尔加纤夫》更加成熟，“这简直是一座火山，运笔多么奔放。”作家穆索尔斯基把这幅画和普希金的作品相提并论。

列宾曾经几次去库尔斯克省，看到宗教行列。在南俄罗斯，经常出现干旱，于是便举办有大量求雨者参加的礼拜行列。他花费了 5 年多时间完成了《库尔斯克省的宗教行列》（1877—1883）。

作品的内容与构图处理都很复杂。人流顺着漫长而尘土飞扬的道路，从画面的左上角向右下方移动。长长的山坡由右向左下降，这里不久前还是一片茂密的树林，现在无情的太阳把干燥的土地晒得通红，参加游行的人数极多，队尾消失在远处的尘土之中，加强了人流移动的感觉。

列宾在不破坏人流不断的印象时，成功地确立了几个定位标志，群众分门别类，突出其特征。这有助于他表现人群的各种社会成分，把握俄罗斯贫穷与富有两个阶层。其中一个定位标志是装着有圣像的玻璃龛，由健壮的农民抬着。后面是一老一少两个盛装女市民，她们手捧装圣像的木匣。红色法衣突出了祭司长，再往后是衣着花里胡哨的胖太太，手里捧着圣像，与她并行的是女商人、穿制服的军人与百夫长。

远处人群之上高举着神幡，而右边与左边则是挺直身子骑着马的宪兵和警察，他们是来“整顿秩序”的，把想竭力靠近圣像的男女流浪香客、贫民赶向一旁。但其中一个残废人已冲到前面，虽然他身体有缺陷，但有着执著的追求，和画面中央高傲自大的社会“精华”形成强烈对比。这些人不仅外表愚蠢，而且内心粗野，表现了人性与灵魂。

忠于沙皇的评论家指责这幅作品是“大幅漫画”。

画家的回答是：“真实高于一切。”

列宾虽然画的是城镇的宗教习俗，但它反映了19世纪80年代俄国人民的生活，揭示了农村由于资本主义发展而导致贫富差异的加剧。

1880年10月7日，列宾结识列夫·托尔斯泰。作家对《查波罗什人复信土尔其苏丹》有生动而独到的见解，对列宾影响很大。大概在画家的一生中，对任何人的感情都不像对托尔斯泰那样矛盾重重。他崇拜这位作家，但同时又反对托尔斯泰的说教。

列宾对历史题材有着深刻的探索，他的《索菲娅公主》（1879）、《伊凡雷帝杀子》（1885）和《查波罗什人复信土耳其苏丹》（1878—1891）都鲜明地突出了历史人物的性格。

《伊凡雷帝杀子》成功地塑造了俄国历史上的暴君并将他血腥罪恶的本性以最强烈的心理刻画表现出来，体现了列宾善于把历史与当代生活紧密联系起来的创造性。

在完成此画的前几年，俄国全境因沙皇亚历山大二世被刺开始了血腥的镇压。列宾一直在寻找恰当的题材影射大屠杀。1882 年，列宾在音乐会上听了俄国作曲家里姆斯基·科萨科夫的交响曲《安泰》，第二部《复仇》，还有一次，女儿维拉从秋千上掉下来，鼻子跌出了血，妈妈拿着水和毛巾跑出来，爸爸却要他们等一等，他注意观察鲜血的颜色和流淌的方向。此时的画家已经忘记这是自己的亲人，应该马上止血。

列宾在作家迦尔询的身上找到了皇子的形象，画家捕捉到了令人震惊厄运即将来临的神情。迦尔询的中篇小说《娜未日达·尼古拉耶芙娜》的结尾反映了画家新作对他的影响，后来，这位作家因精神病发作，坠楼而死。

家中有一间屋子被布置成“沙皇的寝宫”，室内笼罩着那个时代的气氛。列宾亲手裁剪服装，画靴子上的图案。

《伊凡雷帝杀子》全名是《1581年11月6日恐怖的伊凡和他的儿子》，描写俄国沙皇伊凡四世杀子的残暴行为。16世纪时，俄国正处于大贵族封建割据、国土四分五裂的状态。伊凡四世在治理国家扩充军事实力方面颇有建树，但他心狠手辣，对政治异己毫不留情，均以狡黠的手法加以铲除。

画家并不关心这个帝国的政治伎俩，而选择了他日常生活中的残暴行径，加以精心构思：在一次与儿子的激烈争吵中，伊凡四世用笏杖猛劈过去，打中了儿子的太阳穴，儿子当即鲜血如注，生命垂危，伊凡四世醒悟到这是他根绝后嗣的暴行。恐惧攫住了他的心，他立即奔过去，抱起儿子，跪在地上用手按上那血流如注的伤口。鲜血滴在儿子的衣袍上、地毯上，同时也沾满了父亲的手，伊凡的脸上充满恐惧感。他错杀了儿子，心情极度紧张和痛苦。他良心发现，想请求儿子饶恕，但已感难以挽回，一种人性的后悔充溢在这两个人物之间，列宾抓住的正是这一瞬间。

善于表现思想活动和心理状态的瞬间变化，正是列宾在创作上最杰出的基本特征。

画面采用的是红色调，背景阴暗以烘托前景的恐怖事件。在伊凡的瘦脸上，瞪着两只大眼珠，那种不可逆转的失子之痛，预示着这个统治基础的灭亡，也向人们展示出沙皇的残暴是他注定要失败的命运基因。皇子目光呆滞，他似乎感到了父亲的内疚，理解他的痛苦，他宽恕了自己的父亲，生命正离他而去。

1885 年，油画最后定稿时，他又作了许多修改。虽然构图上没做更大的改动，但人物更集中了，删去了一些多余的细节，把全部笔墨集中于发挥人物心理描写上。这幅长久激荡人们心灵的作品，是画家探索、发现、失望、欢乐的见证。

俄国总检察官波毕德诺斯泽夫给沙皇写了一道奏折："现今的艺术真不可思议，没有一点理想，只有批判和揭发倾向的赤裸裸的现实主义感情……费解的是画家偏以全部真实去描绘这一事件，其用意究竟何在？为什么画伊凡雷帝呢？"

28 年后，一个手持钢刀的人来到特列嘉美术馆，在这幅名作上划了三个大口子，他是要在罗曼诺夫家族执政

300 周年的前夕以此向沙皇邀功请赏。

修复专家格拉巴尔和波哥斯洛夫用水彩小心翼翼地修复了刀伤，再涂上光油。至今，参观者已看不出伤痕在那里。

列宾从小就爱听查波尔什人的故事，喜欢他们勇敢、机智和自由自在的生活。

1878 年夏，他在马蒙托夫家读到了令人捧腹的信件，当时就产生了把这一事件搬上画布的愿望，画出了第一张构思草图，经过 13 年之后，才最后完成。

查波罗什雷契是 16 世纪到 18 世纪俄国哥萨克在乌克兰的自治组织。它由武装的移民组成，成员主要是逃亡的查波罗什农奴。17 世纪时，土耳其皇帝要这批哥萨克人脱离俄国而归附于他。这封信惹恼了勇敢强悍的哥萨克人，他们虽流落此地，都深深热爱着自己的祖国，从不想离开自己的家乡。

画上就是描写这些性格豪迈的查波罗什人在叼着烟斗的领袖赛尔柯授意下，正给土耳其苏丹回信的情景。回信相当尖刻，既表达了哥萨克人的爱国主义，也嘲笑了对方的收买用心。它是一幅人物众多，特征鲜明又饶有风趣的查波罗什人物谱。列宾的一段自述谈到了他的构思：“在各民族人民的历史方面，还使我高兴的地方就是这个自由，这种武士精神的高涨，俄国人民的英勇力量。他们放弃了世俗的福利而建立了平等的兄弟友谊来保卫自己的宗教信仰和人格的最高品质。”

画面上的每个人物都经过了仔细的推敲，这些自由武士有形形色色的装束和性格表现：这里有土生土长的查波罗什人头顶一撮灰色的发辫，有掉光牙齿的老头和头上受伤沉默寡言的战士，有捧腹大笑的胖子，有表示要在信中“撒点胡椒面”的八字胡老头，有自鸣得意的书记官，当时首领说了句挖苦话，引起了在场的人的哄堂大笑。画面上展示的正是这一瞬间，观众找不出两个雷同的形象和表情。

在1880年夏季，列宾和谢罗夫游历了乌克兰，走遍了建立过查波罗什雪契的地方，收集素材。

列宾以学者的认真态度研究过查波罗什人的习俗、服装、武器和用品，画了上百幅素描。乌克兰历史学家雅活尔尼茨基的珍贵文物对列宾帮助很大，他本人也成了画家的模特。

有一次，列宾要画一个熟人的后脑勺，可是，那人执意不肯做模特。于是画家佯称对他收藏的古钱币感兴趣，趁去他家做客时画了需要的速写。

由于人物众多，画家不断地探索，改动他们的形象和位置。有一个已完成的形象，画家一直不肯割爱，为了画面的整体感最后还是把它抹掉了。前后 13 年，易稿几十遍，直至画家感到无可增删为止。

列宾一向用挑剔的目光看待自己的作品。在博物馆里看见自己过去的作品，心中总是隐隐作痛，但是，《查波罗什人复信土耳其苏丹》却是他最喜爱的。他终于创作了一幅合乎自己理想的作品。

“我确知，经过多少年的勤奋劳动，我终于取得了内在的和谐一致，这是难得的，我心满意足了。至于别人怎样看，对我都无所谓。”

1891 年，这幅力作在列宾第一次个人画展上取得了巨大成功。这幅作品可以说是列宾集人物性格刻画之大成，展示了 19 世纪俄国写实主义绘画最伟大的成就——重视典型人物的个性特征。

列宾以 19 世纪后期俄国民粹派反对沙皇专制的政治斗争为题材，画了一组油画：有《拒绝临行前的忏悔》（1879—1885）、《意外归来》（1884）和《宣传者被捕》（1880—1892）。

1881 年俄国发生刺杀亚历山大二世政治事件。事后俄国统治当局对参与谋杀的同谋处以极刑，其余嫌疑者处以监禁、流放和苦役。亚历山大三世在加冕典礼上突然宣布政治大赦，释放与此事有关的嫌疑者。当时被流放 20 多年的进步作家车尔尼雪夫斯基就是其中之一。

这个事件一直萦绕在列宾心头。他反复思考如何去反映当前俄国知识分子的命运和力量，如何表现他们的典型。特别是如何表现他们面对俄国独裁统治的镇压而展示的高大形象。列宾在 19 世纪 80 年代给托尔斯泰和斯塔索夫的一些信中，就流露了自己要画现代题材与最激动人心的生活的强烈愿望。《意外归来》即是在这种思想基础上诞生的一件杰作。

此画的构思在长期创作过程中曾有很大变化，但同时保留着基本情节：流放的革命家，突然出现在自己家中。画家前后画了三幅变体画。

第一幅是 1883 年完成的，画中那突然归来的女流放犯是一位自信和有胆识的知识分子，屋内她的妹妹惊愕地站在一隅，一个老女人和一个小女孩面对这一情景显得目瞪口呆。

1884 年底，列宾又创作了第二幅变体画，他坚决摒弃了那种必须“完美无缺”的、具有共性的革命者典型，从而使这个人物的个性和内涵得到深化。穿着囚衣、形同乞丐的革命者代替了先前的女犯人，房内的其余细节也做了相应改动，以期与主人公在情感上和色彩上发生强烈对比和呼应。

列宾在创作此画时，收藏家巴维尔·特列恰柯夫建议，把主人公画得精神些，“更讨人喜欢些”，并推荐作家迦尔询做模特。在第 12 届巡回展览会上展出了这幅作品。

1887 年列宾又走进特列恰柯夫的美术馆，趁收藏家本人不在，又改动了革命者的面部，成了现在我们看到的样子。

画面上革命者刚进屋，吃惊的仆人用好奇、同情的目光看着他；母亲由于激动方这样对待他，他的前途怎样。这幅画具有戏剧性的紧张气氛，情节安排得激动人心。

画中人物形象的演变，是 19 世纪 80 年代政治反动加强所引起的情绪表现。在明亮、舒服的房间中，在安宁的生活里，他好像来自另一个悲惨世界，他那神经质、刚毅的脸上留下痛苦的烙印。在第 12 届巡回展览会上展出了这幅作品。

此画不仅以其严峻的题材、深刻的性格刻画，而且以其色彩技巧给观众造成强烈的印象。房间里充满了阳光与大气，通过阳台潮湿的门，不仅可以看到花园的一角，用水冲刷过的绿草地和晴朗的天空协调柔和，在淡蓝的壁纸上、桌布上、乐谱上、少女与女仆的连衣裙上都有明快的反光。归来的人恰好站在窗子和隔壁房间的交叉点上，在两个光源的对比之下，这个人更加显得悲惨。这样的绘画语言有力地揭示了这幅画的思想内容。

列宾大胆地运用色彩对比,同时也很注意色调的统一。他仔细地处理各种颜色层次，注意由光及复杂反光所引起的色彩变化，做到每一个物与每一物体的色彩相协调。

《意外的归来》是19世纪绘画的杰出成就，列宾把现代风俗画提高到一个新的水平。

在列宾的一生中，他留下了350件油画肖像。有：屠格涅夫、门杰耶列夫、巴甫洛夫、斯塔索夫、托尔斯泰、迦尔询、高尔基、穆索尔斯基、里姆斯基—柯萨柯夫、希什金、苏里柯夫、谢洛夫等。他的肖像是19世纪下半叶俄国文化、科学和艺术处于民主主义高涨时期的人物写照。

列宾始终坚持现实主义原则，表现人的社会身份和精神面貌，并利用一切绘画手段表现对象的本质。比起同时代画家，他的优秀作品还以机智与复杂的内容、大胆的构图而著称。

《穆索尔斯基像》诞生于 1881 年，主人公是俄罗斯杰出的作曲家，有作品《图画展览会》和《跳蚤市场》留存于世。这幅肖像画于音乐家生命垂危之时，但在画面上，他微低着头颅，仿佛在倾听乐曲，又像在构思新的乐章。

一个崇高的革新作曲家肖像，不能用旧有的方式来表现。列宾摆脱了用明暗对比造型的传统模式，而采用色彩塑造形象。

不可思议的奇迹出现了，你站在画布前，看到的似乎不只是色彩和笔触，而是一个正在沉思着的有血有肉、高尚的面孔。这是一个遭社会遗弃、不被理解的天才，怀才不遇和历尽坎坷导致了作曲家的厄运。

列宾还作过《托尔斯泰像》（1887)，当时托尔斯泰正值精力充沛的写作盛期。他的小说《战争与和平》、《安娜·卡列尼娜》已经问世，列宾为他作此肖像时，他正准备《复活》的写作提纲。列宾为这位思想深邃、目光炯炯的大师，作了深入而又十分朴实的写照。

1901 年至 1903 年，列宾和他的两个学生绘制了巨幅群像《国务会议》，为这些沙皇俄国的官僚做了很多写生，以高超的技法，对他们的冷酷和庸俗作了深刻的揭露。这幅巨作是列宾创作生命的最后飞跃。

列宾的后期作品，如《决斗》、《多么自由》、《果戈理焚稿》以及描写1905年革命事件的《红色葬礼》、《在沙皇的绞架附近》、《1905年10月17日的示威游行》等，已不能与盛期作品相比，在绘画语言上已缺乏鲜明的表现力。

列宾在改革后的皇家美术学院任教14年，为俄国绘画学派培养了一代后起之秀。谢罗夫则从童年起就从师列宾，后来同列宾、苏里柯夫、瓦斯涅佐夫一起成为巡回展览画派的中坚力量。

晚年的列宾以自传体形式写了回忆录《抚今追昔》，用主动的文笔写下了自己的童年和青年时代的经历，回忆了与艺术家们的交往，以及他主要作品的创作过程，还附有他的评论及书信10余篇，对后人了解19世纪下半叶俄国艺术概况，有着重要的参考价值。

自1900年起，列宾定居在彼得堡附近的库奥卡拉，这里原属芬兰（1948年改称列宾诺）。由于周围白色势力的影响，列宾与祖国失去联系。这位伟大的画家于1930年9月29日逝世于贝纳托别墅。

列宾的艺术植根于19世纪俄罗斯先进的民主主义文化这块肥沃的土壤，直至今日对我们仍然大有教益。